手 语 系 列 教 材

高 级

手语翻译教程

主　　编　肖晓燕

本册编写　杨超然　周　旋　侯文龙　徐　林　高　昕

手语模特　周　旋　徐　林　易思雄　周艳艳　卢　苇
　　　　　刘　迪　曹小超

视频制作　手之声信息科技有限公司

上海外语教育出版社
外教社 SHANGHAI FOREIGN LANGUAGE EDUCATION PRESS

图书在版编目（CIP）数据

高级手语翻译教程 / 肖晓燕主编; 杨超然等编. --
上海：上海外语教育出版社，2022
ISBN 978-7-5446-7330-3

Ⅰ.①高… Ⅱ.①肖… ②杨… Ⅲ.①手势语—翻译
—教材 Ⅳ.①H026.3

中国版本图书馆CIP数据核字（2022）第130296号

出版发行：**上海外语教育出版社**
　　　　　（上海外国语大学内）　邮编：200083
电　　话：021-65425300（总机）
电子邮箱：bookinfo@sflep.com.cn
网　　址：http://www.sflep.com
责任编辑：孙　阳

印　　刷：句容市排印厂
开　　本：850×1168　1/16　印张 10.25　字数 256千字
版　　次：2022年12月第1版　2022年12月第1次印刷

书　　号：ISBN 978-7-5446-7330-3
定　　价：42.00元

本版图书如有印装质量问题，可向本社调换
质量服务热线：4008-213-263　电子邮箱：editorial@sflep.com

本教材为国家社科基金项目成果

项目名称：手语翻译教育的中国模式研究（19BYY105）

序 一

衷心祝贺国内第一套手语翻译系统教程出版！

厦门大学肖晓燕老师主编的"手语系列教材"即将出版，消息传来，我倍感激动。抗击新冠病毒疫情阻击战打响以来，天天在电视上看到国内外大小新闻发布会上不同民族、不同国度、不同性别和不同年龄的手语翻译向聋人受众传达人命关天的防控消息，作为一个翻译人，突然感到手语翻译此时无比重要，无比光荣。

试想，在中国就有2000多万聋人，全球更是多达4.66亿。听觉视觉没有问题的人遇到不知道的问题，可以通过视听和阅读两种渠道获取信息。在疫情面前，聋人自然成为弱势群体，手语翻译对于他们了解疫情防控至关重要。

作为国内出版的第一套从翻译学视角编写的手语翻译系统教程的编写者，肖晓燕老师一直令我敬佩。她出于大爱之心和对学问的专注追求，潜心学习和研究，在厦门大学开设了手语相关课程，并探索汉语-英语-中国手语的三语翻译教学。肖老师作为一名英语教师和翻译家，本来功成名就可以更加轻松地过日子，但是为了推动手语翻译教育，她2012-2013年作为中美富布莱特研究学者专程到美国加劳德特大学进修，观摩这所世界知名的手语研究院校手语翻译专业的本科、硕士和博士阶段的教学，并且跟堂上课，专心研究美国手语翻译人才的培养模式，成为我国翻译界为数不多的潜心研究手语翻译的学者。十多年来，她耐得住寂寞，吃得了辛苦，在厦门大学开设手语课程，探索中国培养手语翻译人才的道路，引起学术界的高度赞赏。现在又和团队推出了《手语轻松入门》《初级手语翻译教程》《中级手语翻译教程》《高级手语翻译教程》整套教材。这是国内首套从翻译教育框架进行手语翻译人才培养的系统教材，对社会贡献巨大，对手语人才培养意义深远，令人敬佩，值得祝贺！

大概是出于长期从事翻译工作的原因，我对手语翻译一直有浓厚的好奇心。在泰国举办的一次国际翻译会议上，看到来自不同国家的手语翻译同泰国不同民族的手语翻译在诗琳通公主面前切磋手语翻译的奥妙和疑难，我浮想联翩。我那时感到，手语翻译在国际上是门大学问，涉及全人类的有效沟通，用当今的语言来说，就是构建人类命运共同体的一个重要环节。我曾经向中国残联的朋友请教过，他们在国际上交流广泛，也深深感觉到手语翻译特别是国际手语翻译人才培养的迫切和重要。但我们必须看到，手语翻译教育在世界上很多地方，包括我们国家，还显得关注度不够。

十多年前在一次全国政协会议上我有幸与邰丽华委员并排而坐。在人民大会堂召开政协大会时，委员们按照界别而坐，我当时在对外友好界别，我右侧从前到后都是残疾人委员。我参会还有一个额外任务，就是帮助我们中国网的记者联系采访对象。那个时候，邰丽华主演的《千手观音》感动了千万观众，在世界上备受关注，风靡一时。那一刻，我很想跟邰丽华委员交流，邀请她接受我们的采访，但是我苦于不会手语，连"你好"的手语都不会，一时倍觉尴尬。经过一番折腾，最终还是在大会给残疾人委员们安排的一位手语翻译的帮助下才得以成功邀请邰丽华委员到中国网设在人民大会堂的演播室对她专访。如果在此之前，能有机会上过肖老师的课，或者读过肖老师的著作，多少学会一点儿手语，工作起来就会方便多了。

我遇到的这种困难和尴尬估计许多人也遇到过。现在这个困扰我们的问题终于有了破解途径。肖老师的这套教材来自于她对国际和国内手语翻译教育的研究和了解，来自于她自己多年的实践，又经过她和团队在课堂里的试用，根基牢固。教材由浅入深，环环相扣，特别是考虑手语学习的难点，采用了扫码看视频和图文并茂的方式。每一册15个单元，涉及学习者生活工作的各种场景，正好使用一个学期，实惠好用。更为重要的是，这套教材既可以在专业课程上使用，也可以供有兴趣的人补充自己的知识空白，了解手语翻译的奥妙，系统学习手语。

在这里，还应该衷心感谢上海外语教育出版社的同仁们。他们着眼我国的残疾人教育事业，重视满足社会需求，努力服务于人类发展，不追求名利，牢记自己的社会担当，出版这样一套社会急需的手语翻译教材。

教材的出版让我们有了更多的期待。南京特殊教育师范学院已经率先开设了国内首个本科手语翻译专业，全国各地许多学者都在探讨开设手语翻译硕士教育专业的可行性。手语翻译人才培养无疑十分迫切，但是这需要成建制的教师队伍，需要实用适用的教材。肖老师主编的这套教材的出版让我们看到了未来的希望和美好的前景。

相信在肖老师的开创下，有上海外语教育出版社的鼎力支持，这套教材的出版必将把手语翻译教育提到一个前所未有的高度，开辟出中国手语翻译的一片新天地。

黄友义
全国翻译专业研究生教育指导委员会主任
中国翻译协会常务副会长
第十一、十二届全国政协委员
2020年5月

序 二

　　很高兴能为厦门大学肖晓燕教授主编的这套"手语系列教材"做序，感谢肖教授对我的信任！

　　随着社会文明和人们素养的日益提升，手语对于大家来说并不陌生。它是聋人朋友们和外界交流的方式，是一门独立成体系的语言，体现着思想交流和情感表达。用手语表达和沟通是聋人朋友参与社会生活不可缺少的形式。

　　上个世纪70年代，当我还是孩子的时候，我在马路上跟同学进行手语交流对话，往往会引来路人既好奇又诧异的目光。被这样 "瞩目"，多少让我和伙伴们感觉到不适和不自在。这种感觉直到现在还记忆犹新。但时至今日，无论走上街头，还是逛商场，或者身处咖啡厅这样的公共场合，我们都可以毫无顾忌地使用手语。大家自信而快乐地用自己的"语言"进行交流，内心的明媚无以言表。

　　2019年国庆节的前夕，中国残疾人艺术团接到国庆联欢晚会演出的通知。这是建国70年来首次在这样的场合以特殊艺术表演形式（手语表演）来表达我们对祖国的祝福。当时我们每个人内心都十分激动，我们感受到了党和国家对残疾人群体的关爱和重视。在这举国欢庆的重要时刻，作为中华儿女的一份子，我们可以用我们特殊的方式——手语——向伟大祖国母亲献礼，献上我们最最诚挚的祝福。每次排练，我们内心都无法平静，每一次的演绎都让我们有不一样的感受和体会。正如《天耀中华》歌词中所唱的："我是多么幸运，降生在你的怀里。"每次用手语诠释这句歌词的时候，我都会热泪盈眶。

我经常带着中国残疾人艺术团出国演出，也接触了国外很多优秀的专业手语翻译员。他们出色的翻译让更多外国人能欣赏我们的演出，了解中国残疾人的艺术才华。近年来，党和国家对残疾人事业的发展格外关心、关注。越来越多的朋友想了解并学习手语和手语翻译，想更好地服务于各行各业的聋人朋友们，为他们搭建一个无障碍沟通的桥梁。随着国家文明程度的提高和社会经济的快速发展，聋人平等参与和共享的机遇越来越多。全社会的理解和包容，以及高质量的手语翻译服务，让我们有尊严并幸福快乐地生活着。

　　肖教授是翻译专业的教授。她潜心研究手语翻译十多年，非常了解聋人的翻译需求以及目前国内手语翻译学习存在的短板。她的编写团队既有经验丰富的手语翻译员，也有优秀的聋人教师。我相信肖教授主编的这套"手语系列教材"是培养优秀手语翻译员不可多得的宝贵资源，必将是聋人与健听人沟通天地间最为浓墨重彩的一笔，必将为聋人与健听人之间的沟通起到更为有力的推动作用。

　　我更加相信，在大家的关爱和关心下，我们的世界不再沉寂！

邰丽华

中国残疾人艺术团团长

全国青联副主席

第十一届、十二届、十三届全国政协委员

2020年7月

前　言

　　本套手语翻译系列教材共分为初级、中级和高级三册，目标使用群体是有一定手语基础、或至少经过了《手语轻松入门》课程学习的手语爱好者和手语翻译专业学生。希望通过三册翻译教程的学习和训练，学员不仅可以进一步快速提升自己的手语理解（即看话）和表达能力，更重要的是训练手语翻译转换能力。编者希望这三本翻译教程和《手语轻松入门》一起，为手语学习者打造从入门进阶至高级的一站式解决方案。

　　本套手语翻译丛书充分遵循翻译教与学的内在规律，按照手语翻译经常遇到的场景、题材和话语类型进行选材，编排谨遵科学进阶原则，全书编写有以下几个突出特点：

1. **深厚的翻译理论支撑和引领**：全套书的编排基于编者多年来在翻译和翻译教学理论方面的积淀。每课都以翻译理论的讲解开篇，初级和中级共30篇科普性的理论文章，系统讲解了手语翻译员应该了解的基本翻译概念和理论；高级教程中的理论主线则是围绕传译训练中的理解、记忆和表达三大块核心技能来展开的。

2. **翻译场景和题材基于真实性**：三本翻译教程中选择的翻译场景都基于编写团队前期所作的充分调研，根据聋人最需要手语译员的场合以及手语译员最经常翻译的场合进行选取和编排。书中的对话和手语语篇都选自真实生活场景，多数来自聋人的原创语篇，因编排需要进行了一定的难度控制和改编。

3. **严格遵从循序渐进原则**：全套书的练习材料由浅入深，由易到难，由日常话题到专业话题。全部语篇都经过了严格的难度和长度控制，比如口译手的语篇长度从初级的150–300字，到中级300–450字，而高级语篇则控制在大约400–550字.

4. **专业制作的优质视频**：全套书按照高水准要求在专业的摄影棚拍摄，手语模特均为全国各地优秀的聋人手语使用者。在尽量使用国家通用手语词汇的同时，兼顾到不同地域和不同个性的手语特色，让学习者多接触、多练习，看懂原汁原味的聋人手语。

5. **环环相扣，精准衔接：** 在编写过程中，初级的最后一课和中级的第一课语篇难度对应，中级的最后一课和高级的第一课难度对应，以确保三本书的使用能够顺利衔接，自然进阶，使用者不会有难度上的跳跃感和不适感。

6. **提供参考译文：** 有过翻译学习和教学经验的人都知道，翻译没有唯一的标准答案，而是可以有不同的译文版本。全套书的所有对话和语篇翻译练习全部都有参考译文，且手语译文都是由手语为母语的聋人模特提供的。相信对于学习者来说，这些译文会有很好的参考价值。当然学习者也可以提出自己的甚至更好的翻译版本。

每册书分为15个单元。初级和中级教程每个单元都包含了五个板块：

第一板块是手语翻译理论讲解。这部分介绍手语翻译相关的基本概念和理论，让学习者通过使用教材对翻译的基本概念和理论有一个正确的认识，纠正手语翻译中存在的一些误区。

第二板块是译前准备。这个板块包括知识准备和词汇准备两个部分。这个板块的设置目的是提示学习者，每次具体的翻译任务前，都需要进行必要的知识更新和词汇扩展。

第三板块是对话传译。对话传译是一种互动性很强的双向传译，和语篇发言这样的单向传译面临的挑战并不相同。它也是译员经常需要面对的话语类型，因此也是训练的重点。

第四板块是语篇传译。每课包括手语口译及口语手译各一篇。本套书强调两个方向的传译比重应保持平衡，不能过分强调一个方向的翻译而忽视另一个。虽然对于很多学习翻译的听人学生来说，手语是弱项，但是训练中不仅应关注口语手译的练习，也应该重视训练学生看懂手语的必要性，还应该对学生译入口语的质量进行把关。

第五板块是参考译文。这个板块提供的参考译文虽然并不是唯一的标准译文，但希望能成为使用教材的老师和学生的得力帮手，尤其是手语译文都是由翻译能力较强的聋人模特提供的，可以给使用教材的师生一定的启发和借鉴。

高级教程的理论主线是围绕理解、记忆和表达三个核心技能构成展开的。每课在理论讲解后增加了技巧练习。这个部分练习以句子翻译为主，目的是为了让学习者巩固和消化该课讲解的技巧。高级教程没有对话传译，只有语篇传译以及参考译文。

本套书的对话和手语语篇全部可以通过手机扫描相应的二维码观看专业制作的配套高清视频，而口语手译的口语原文也可以扫描相应的二维码听到录音，方便学生练习时把控自己译入手语的速度和节奏。

本套书的编写团队是一支理论和实践经验都极其丰富的团队，既有在高校从事翻译教学和理论研究多年的教授，也有从事手语翻译工作实战经验丰富的一线译员，以及优秀的聋人手语使用者。编写团队从理论、实践两端把关，确保教材编写的科学性、专业性和实用性。

本套书的编写过程中，承蒙国家手语盲文中心主任顾定倩教授和王晨华老师提出了极为专业的改进建议。感谢中国聋人协会的大力支持以及手语委员会和手语翻译委员会的指导。同时也感谢厦门大学外文学院研究生李叶子、傅辰赟、周诗倩为教材的理论编写查找了大量资料。

本套手语系列教材适合作为高校开设手语翻译课程的教材使用，也非常适合有一定手语翻译基础的人自我提高，自学使用。

编者
2021年5月1日

目　录

第一课
关键词提取

本课内容提要

一、传译技巧

1.1 技巧讲解

关键词提取

不同于一般的听力、看话练习，译员不仅仅需要听懂或者看懂发言人要表达的大概意思，还需要全面把握信息的整体逻辑和细节，记住信息，并用目的语流利、完整地表达出来，完成翻译任务。信息理解是翻译的第一步。优秀的翻译首先取决于译员能否快速准确地理解原语表达的信息。要准确理解信息，译员需要学会提取关键词。

什么是关键词？一般来说，关键词应能够提示译员所需翻译的语段的核心内容。关键词的数量不应过多，译员应具备利用较少关键词回忆句子乃至段落的能力。另外，关键词不一定是原文现有的，也可以是译员自己提炼出来的能高度概括某个语段的词。

关键词提取的目的是帮助译员更好地记忆信息。对于不同的译员来说，同一个语段所提取的关键词不一定是完全一样的。根据各自的知识结构和记忆方式，译员会提炼出对于自己来说最能代表语段意义的关键词。

在进行关键词提取练习时，译员可以在听一段中文或者看一段手语后问自己："哪些词语可以帮助我回忆起整个段落？"词的提示作用越强，越应该成为关键词。比如："手语是聋人进行交际和交流思想的主要工具。"这个句子包含了9个词语或词组。从语意角度而言，该句是对手语的定义，所以"手语""工具"是重点信息，更值得成为关键词。

需要注意的是，手语表达常常会省略虚词，而注重实词，且修饰性词语如程度副词等较多以动作幅度、面部表情来体现。因此，在提取手语关键词时，应注重从词意角度取舍。如1.2视频里的05句：

"在全国助残日来临之际，《国家通用手语常用词表》正式发布，将从2018年7月1日起实施。"："|中国/助-残-日/快/到||《 》/中国/通-用/手语/常-用/词-表/正/公开||准备/2018/年/7月1日/开始/走路|"

这句话中有26个手势，根据词组可切分为"全国/助残日/快/到，《 》/国家通用手语常用词表/正/公开，准备/2018年7月1日/开始/走路。"12组手势词汇，开头我们可以看到是一个日期快到了，之后的"《 》+书名+正/公开"，我们可以知道是一本书或者项目在某个日子要正式公开，后面紧跟着就是"时间+开始/走路"，"走路"在这里表达的是一件事情的状态，"走路"的动作代表正在进行中，前面有一个"开始"的手势就是"开始做、执行"的含义，联系之前的内容，我们很容易理解为"开始实施"的含义。这句话中的关键词手势就是"《 》"，通过"《 》"我们可以很快地和后面的书名建立连接，同时可以很快地理解全句。

为了减轻记忆的负担，译员应学会精简关键词，以期用最少的词记住更多信息。在保证原文主要内容完整的前提下，关键词越精简，译员的工作效率就越高。

精简关键词可以从语言搭配角度入手。在遇到耳熟能详的常用套语和固定搭配时，译员的记忆里已有储存，一个简单的字可能就能提醒整个表达，比如"希望各位代表和嘉宾深入交流，凝聚共识，加强合作，共同促进全球发展，造福各国人民。"这样的会议用语，由于都是"动词+宾语"的固定搭配，在这个语境下，提起前一半很容易会想到后一半，所以可以选择每个搭配的一部分作为关键词，利用固有的语感回忆起另一半内容。比如记住"造福"，很容易就能想到"人民"或者"人类"这样的概念。由此，本句的关键词可以精简为"深入""凝聚""加强""促进""造福"。通常，由于包含了褒贬等情感意义，动词的提示意义会高于名词，更容易成为关键词。不过，译员也可以根据具体情况和个人的习惯进行取舍。

关键词还可以从逻辑角度分析。如在"他们两个人关系很好，但是受到别人的挑拨，关系破裂了。"这个句子里，转折词"但是"起到了关键词的作用，说完前面一句加上"但是"，译员基本可以判断出句子意义的走向，也不容易忘记后面说了什么。

综上，本单元介绍了关键词提取技巧。需要注意的是，由于语篇结构、原语语速、译员自身能力等原因，关键词的选取因人而异，并没有绝对的对错之分。但是，提取关键词的原则是不变的，关键词应选择精简且提示作用强的词语，以满足记忆和理解的需要。无论是听中文还是看手语，译员应该从语义和信息的逻辑结构出发，提取最能帮助记忆的关键词。

1.2 技巧练习

本单元练习的技能主题为关键词提取，请大家两人一组完成本章节练习。本节参考答案见附录2。

练习01-03为口语手译的句子练习。请先找出下列汉语句子的关键词，并记录下来。然后和同伴找的关键词进行对比，说出自己的理由。根据各自的关键词将整句话译成手语。句子的手语译文可参考二维码中的视频。

1) 随着社会文明的不断进步，聋人群体与听人群体不断融合。

   关键词：_____

   _____

2) 雕塑艺术是体积与空间的学问。

   关键词：_____

   _____

3) 这个聋人学习好，积极工作，承担责任。他人很老实善良，大家经常表扬他。

   关键词：_____

   _____

练习04–06为手语口译的句子练习。请扫描上面的二维码，先观看手语句子视频，记录关键手势词，和同伴的关键词进行对比，说出自己的理由。然后根据关键手势词进行口译练习。

4) 关键手势词：_____

   _____

   （参考译文：林肯的手语名字是这样表达的，因为林肯的外貌特征是戴一个高帽子，手里拿个拐杖，久而久之大家就用这个手势来代替他的名字了。）

5) 关键手势词：_____

   _____

   （参考译文：在全国助残日来临之际，《国家通用手语常用词表》正式发布，将从2018年7月1日起实施。）

6) 关键手势词：_____

   _____

   （参考译文：收集地名手语时，我建议多询问老年聋人，他们的思维非常图像化，不建议询问青年聋人，因为青年聋人习惯对应汉字，使用的手势汉语不具备自然语言的特性。）

二、译前准备

2.1 主题知识准备

本单元练习的主题为活动介绍，学生在课前应对相关领域的内容进行检索与阅读，合理进行译前准备，在课堂上进行相关信息分享。

1) 了解活动的一般流程，例如开场、欢迎词、活动介绍、注意事项等。

2) 对近期的活动事件进行了解，例如大学生校园歌手大赛活动；网络平台"双十一"促销活动等，并试着练习手语转述。

3) 了解聋人日常参加的活动话题，例如春节晚会手语翻译活动介绍、聋人学生夏令营活动安排、聋人登山健身活动注意事项等，并选择一个活动场景进行传译练习。

4) 设定情景，深入学习专题知识。假设一个聋人大学生参加了一个极地滑雪训练营，你作为开营仪式的手语译员，应做哪些准备？仪式的流程有哪些？

5) 挑选一个活动类主题，为该活动进行手语介绍，例如"篮球挑战赛"。

2.2 语言准备

请扫描二维码，学习和本课主题相关常用词句的双语表达。因篇幅限制，以下列出的图片仅选取了部分词组，每个词组仅截取了两个动作。完整的词汇表详见附录1：语言准备部分词汇表。

策划写作

项目

后勤保障

合作单位

聋人协会

基本情况

残疾人联合会

网上平台

微信推送

线上支付

三、篇章传译

3.1 手语口译

● 夏令营注意事项

情景介绍:

这个发言选自某聋人大学生夏令营的开营仪式,内容为工作人员向营员们介绍夏令营活动期间的纪律以及注意事项。

短语与句子:

请扫描二维码,提前熟悉视频中相关的短语和句子。

聋人大学生夏令营

总共5天

这个学校是封闭式学校

来到北京不容易

我们最后一天会组织大家去集体游玩

我们邀请了十位专家

他们在自己岗位上都十分优秀

在聋人圈子里很有影响力(名人)

希望大家好好学习汲取知识

学习的时间不要迟到

不早退(不要没有兴趣,听一半离场)

是校方免费提供给我们的

在这里我们住的是学生宿舍,我们要保持干净卫生

我们人多拥挤

轮流洗漱①

吹完头发不要带走,别人也要用,请放回原处

对于手机充电的问题,宿舍里没有插座

传译练习:

请扫描二维码,根据视频内容进行传译练习。

---

① 视频中的手语是类标记,代表"一群洗澡的同学",来回交替来表轮流。

3.2 口语手译

● 远程视频传译

情景介绍：

这个发言选自2019年高校"校长杯"创业大赛自我介绍环节，发言人作为远程视频翻译公司的负责人向大家介绍公司远程视频服务的内容。

短语与句子：

请扫描二维码，提前熟悉语篇中部分短语和句子的手语打法。

聋人沟通障碍

远程视频翻译服务

这是企业的价值和意义

社会创新型企业

全心全意为聋人服务

因为中国手语翻译人数严重不足

现在很多偏远地区聋人无法享受手语翻译服务

通过视频的方式为他们提供翻译服务

让原本无法享受手语翻译服务的聋人可以享受到高质量的手语翻译服务

采用政府采购、公共服务购买和社会捐赠的商业模式

让聋人可以免费使用

和人工智能团队密切（融合）合作

我们的标准体系

大数据（我们的数据①）和人工智能进行结合

希望早点研发出

解决手语翻译严重不足的现状②

中国手语翻译现状突破瓶颈期③

现阶段我们

切入聋人服务市场

聋人教育、就业、职业培训等方面

① 这里原文中"大数据"指的是其企业的数据，所以译者将原稿隐含的含义进行了显化处理。
② 译者的手语是"中国/手语翻译/现状/严重不足"，译者将"现状"前置，后续对其进行了说明。
③ 该句需要联系上下文，前面已经"手语翻译严重不足现状"这里的"瓶颈期"是突破前面"严重不足"的问题，所以译者的手语是："中国手语翻译/原来少，不好（呼应前面的问题）/修改/扩大（这里指人员扩大。）"

请扫描二维码，根据音频内容进行传译练习，或两人一组，一人发言，一人练习传译。

📖 **语篇文稿：**

聋人沟通难，这个要怎么解决？远程线上翻译服务可以满足聋人的沟通需求，也是我们企业存在的价值和意义。我们是一个社会创新企业，我们的创新是全心全意为聋人服务，服务社会。由于我国手语翻译人数严重不足，很多偏远地区的聋人无法享受手语翻译服务。而我们聘请了优秀的手语翻译团队通过视频的方式去服务聋人群体，可以让原本无法享受手语翻译服务的聋人能够享受到高质量的手语翻译服务。同时我们采用政府采购、公共服务购买和社会捐赠的商业模式，让聋人可以免费享受这样的服务。未来我们计划同人工智能团队进行密切合作，把我们的标准体系、采用的大数据和人工智能进行有效结合，希望能够尽早地研发出人工智能手语翻译员，解决中国手语翻译严重不足的现状，使中国手语翻译现状突破瓶颈期。现阶段我们是通过手语翻译服务来切入聋人服务市场，接下来在手语翻译服务的基础上，我们会对接聋人教育、就业和职业培训等方面，从根本上改变聋人的生活。

3.1 手语口译

● 夏令营注意事项

请阅读这部分的参考译文，也可提出自己的不同译法。

大家好，这次我们聋人大学生夏令营在这里举办，总共为期5天。首先就是我们这个夏令营是封闭式的夏令营，营员不可以私自外出。大家如果需要什么物品，和我们的工作人员联系，他们可以帮忙代买。大家觉得来北京一趟不容易，想出去逛一逛，大家不要着急，我们最后一天会组织大家集体游玩或者等结束之后大家也可以自行游玩。希望大家在这里能够专心学知识。这次活动我们给大家安排了10位知名的讲员，他们在自己的工作岗位上都十分优秀，在聋人圈里也很有影响力。希望大家好好学习，汲取知识，讲员在介绍的时候要专心听讲。在我们学习的时候，大家要做到不迟到、不早退。这次活动的场地是校方免费提供给我们的，大家才能以极低的价格来到这里，希望大家珍惜。这次我们住的是学生宿舍，请大家保持宿舍卫生，还得感谢学校给我们提供如此便利的条件。对于洗澡问题，希望大家不要选在同一时间去洗，这样容易造成拥挤，最好是分批轮流洗漱。吹风机在每一层宿舍老师的门口，大家不要把吹风机带走，在那里吹完之后放回原处，方便其他同学继续使用。每一层都有一位负责老师，大家有事情可以联系他们。对于手机充电问题，宿舍里没有插座，大家可以等白天的时候把手机带到教室充电，在手机充电的时候也能好好听课。

3.2 口语手译

● 远程视频传译

请扫描二维码，观看这部分的翻译建议。也可提出自己的不同译法。

第二课
逻辑关系分析

本课内容提要

1.1 技巧讲解

逻辑关系分析

译员对原语的理解应该比普通听众/观众更为深入全面，不仅要知道原语表达了什么，还需要对原语信息组织的逻辑有一定了解，才能更好地抓住信息的内核，准确用目的语传达出来。分析原语语篇的逻辑关系有助于译员利用逻辑关系精简关键词，更有效率地将信息串起来，既记住信息的点也记住信息的面。逻辑分析不仅对于信息理解至关重要，也有助于使译员的产出更有逻辑，易于观众理解。

逻辑关系分析可以分为纵向分析和横向分析两个层面。纵向分析指的是分清语篇的主要信息和次要信息，厘清逻辑的层次。横向分析则是指分清各个信息点之间的联系，比如是用对比、转折的逻辑关系把信息点联系起来的，还是用因果、并列、问题-解决方案等关系来链接信息点的。

纵向分析要求进行逻辑的分层，也就是说在听完或者看完一段话之后用一句话概括全文的中心思想，也就是最上层的逻辑。然后想一想，围绕这个话题，发言人是如何展开的，谈了几个方面的内容，这是第二层的逻辑。最后再细化每个方面具体展开了哪些内容，作为下一层次的内容。一般来说，发言人在讲述一段话的时候，总会沿着某一个逻辑关系。这些逻辑关系包括概括、分类、因果、对比对照，按照时间、地点、步骤、重要性的顺序列举、提出问题并解决问题等。

比如下面这段话：

"如今大学学费飞涨，对于很多普通工薪家庭来说，供养一个大学生颇为吃力。而纵观世界，微软、苹果和脸书的创始人都没念完大学却发家致富成了亿万富翁。有些人开始怀疑，为什么要上大学？我的回答是：上大学还是必要的。我可以从未来收入、生活品质以及改变世界的能力这三个方面给出理由。"

这段话纵向分析就是提出了一个问题(为什么要上大学)，然后给出回答(三个方面理由)。为什么会提出这个问题呢？横向分析有一个对比的逻辑关系在里面(学费贵；而亿万富翁没上完大学)。在回答问题给出的理由里面又是一个总分的逻辑关系，后面三个方面可以预测，都是一条一条细说的。译员经过在大脑里一层一层地剖析逻辑关系，这段话的记忆就变得容易了，脑子里形成了一个清晰的逻辑思维导图，整个语篇就串起来，不容易漏掉信息。

在手语表达中，聋人经常会有由整体到局部的表达方式，例如"新疆位于中国的西北部。"聋人一般不会先描述新疆，而是先以整个手掌作为一个整体的区域指代中国，然后在西北的位置画一个小圈圈指代新疆。

值得注意的是，在中文和手语的表达中，逻辑关系更通常会隐含在上下句之间，需要译员更加主动根据语义寻找。例如聋人打这样一段手语：

|今天/天–气/好‖太阳/大/舒服(美美地摇头)|

我们就可以判断出其表达的意思是：今天的天气很好。阳光明媚，给人很舒服的感觉。但是如果手语表达是：

|今天/天–气/好‖太阳/大‖空–气/干/舒服(痛苦地摇头)|。

那他表述的意思为：虽然今天的天气好，但是太阳太大了，空气干燥，让人很不舒服。在这句话中，聋人的手语没有"虽然"和"但是"，但是我们通过上下句可以判断出这句话中隐藏的转折关系，在译入汉语口语时就要注意加上恰当的逻辑连接词。另外，最后虽然也是"舒服"的手语，但是根据表情可以判断出是"不舒服"的意思。

在学习翻译的过程中，认真体会、练习逻辑分析，有助于译员对语篇的全面把握，提高记忆效率和表达清晰度。

1.2 技巧练习

本单元练习的技能主题为逻辑关系分析，请大家两人一组完成本章节练习。本节参考答案见附录2。

本练习01–03为口语手译练习，请先根据下列汉语句子找出上下句的关系，并记录下来，和同伴找的逻辑关系进行比对，说出自己的理由。然后根据各自的逻辑关系将整句话译成手语。句子的手语译文可参考二维码中的视频。

1) 北京手语"10"的打法是这样的，上海手语"10"的打法是这样的。

   上下句关系：＿＿＿＿＿＿＿＿＿＿＿＿＿＿＿＿＿＿＿＿＿

   ＿＿＿＿＿＿＿＿＿＿＿＿＿＿＿＿＿＿＿＿＿＿＿＿＿＿＿

2) 很多老师面无表情的教学，让许多聋生无法理解，从而感觉到异常枯燥乏味！

   上下句关系：＿＿＿＿＿＿＿＿＿＿＿＿＿＿＿＿＿＿＿＿＿

   ＿＿＿＿＿＿＿＿＿＿＿＿＿＿＿＿＿＿＿＿＿＿＿＿＿＿＿

3) 从1928年第二届冬奥会开始，冬季奥运会与夏季奥运会的举办地点改在不同的国家举行。

上下句关系：＿＿＿＿＿＿＿＿＿＿＿＿＿＿＿＿＿＿＿＿＿＿

＿＿＿＿＿＿＿＿＿＿＿＿＿＿＿＿＿＿＿＿＿＿＿＿＿＿＿＿＿＿＿＿

练习04-06为手语口译练习。请扫描上面的二维码，先观看手语句子视频，记录上下句关系，和同伴的记录进行对比，说出自己的理由。然后根据分析进行口译练习。

4) 上下句关系：＿＿＿＿＿＿＿＿＿＿＿＿＿＿＿＿＿＿＿＿＿＿

＿＿＿＿＿＿＿＿＿＿＿＿＿＿＿＿＿＿＿＿＿＿＿＿＿＿＿＿＿＿＿＿

（参考译文：香港手语和内地手语有相同的地方也有不同的地方，例如"有"就有不同的打法，香港手语是这样表达的。）

5) 上下句关系：＿＿＿＿＿＿＿＿＿＿＿＿＿＿＿＿＿＿＿＿＿＿

＿＿＿＿＿＿＿＿＿＿＿＿＿＿＿＿＿＿＿＿＿＿＿＿＿＿＿＿＿＿＿＿

（参考译文：华为在北京发布了全球首款5G基站核心芯片——华为天罡，助推全球5G大规模快速部署。）

6) 上下句关系：＿＿＿＿＿＿＿＿＿＿＿＿＿＿＿＿＿＿＿＿＿＿

＿＿＿＿＿＿＿＿＿＿＿＿＿＿＿＿＿＿＿＿＿＿＿＿＿＿＿＿＿＿＿＿

（参考译文：我希望北京、哈尔滨等地的聋人，遇到老年聋人的手语一定要记录保存下来。如果等十年二十年后，老人不在了，这些手语也就随之泯灭于世了。我们一定要保护手语历史与资源！）

二、译前准备

2.1 主题知识准备

　　本单元练习的主题为宣传和说明。学生在课前应对相关领域的内容进行检索与阅读，合理进行译前准备，在课上进行相关信息分享。

1) 了解一般宣传说明常用的文体，例如电影的宣传文稿、产品的使用说明书等。

2) 熟悉近期的热门事件或者新型产品使用步骤的说明宣传，例如春晚发红包的活动介绍、如何使用共享单车等，并试着练习手语转述。

3) 了解聋人日常参加以及关注的活动话题，例如聋人如何申请成为外卖员或者如何点外卖、如何成为滴滴司机、如何进行跨境转账等，并选择一个活动场景进行传译练习。

4) 设定情景，深入学习专题知识。假设一个聋人想要申请成为滴滴司机，你作为滴滴推广活动的手语译员，应做哪些准备？应如何进行翻译？

2.2 语言准备

请扫描二维码，学习和本课主题相关常用词句的双语表达。因篇幅限制，以下列出的图片仅选取了部分词组，每个词组仅截取了两个动作。完整的词汇表详见附录1：语言准备部分词汇表。

安全须知

性价比高

兑换货币

友情链接网站

二维码

分期付款

网上预约

质优价廉

宣传标语

支付宝

三、篇章传译

3.1 手语口译

● 世界聋人大会活动现场

情景介绍：

这个发言选自第19届法国巴黎世界聋人大会参会的一个中国聋人自媒体团队在现场做的报道。

短语与句子：

请扫描二维码，提前熟悉视频中相关的短语和句子。

我梦寐以求的地方

如今梦想成真了

这次活动的主办方是WFD

世界聋人组织联合会

来自不同的地方，手语也不一样

有美国手语、英国手语、捷克手语、法国手语，还有我们中国手语

大家来到这里，从陌生到熟悉

已经是第十九届了①

手语和其他语言的地位是一样的

邀请了各个国家各个领域最优秀的聋人来演讲

每个活动都十分的精彩

7天的活动日程中主题发言就有60多场

我一个人参加所有的演讲，很困难

我分身乏术

我们团队7人分工参加不同的主题

聚在一起提炼总结

传译练习：

请扫描二维码，根据视频内容进行传译练习。

---

① 视频中第一个手势的含义是"从开始到现在"。

3.2 口语手译

● **APP活动申领说明**

情景介绍：

这个内容选自国内一款实时转译APP公益转写活动申领条件和使用的说明。

短语与句子：

请扫描二维码，提前熟悉语篇中部分短语和句子的手语打法。

免费实时语音转文字的服务

用文字感受世界

通过上传残疾人证即可免费申请服务

符合申领资格的人群为《中华人民共和国残疾人证》的听力障碍人士

下载听见APP

上传本人残疾证，提交审核

提交审核后的三个工作日内

工作人员以短信的方式通知审核结果

可以免费使用

使用面对面实时语音转文字服务

对于所有的APP用户

在明日科技官方网站或APP每成交一笔机器快转服务订单

公益服务行动捐赠3分钟

如果您购买一台P系列产品

为公益行动捐赠200分钟转写时长[①]

传译练习：

请扫描二维码，根据音频内容进行传译练习。或两人一组，一人发言，一人练习传译。

📖 **语篇文稿：**

　　"听见A. I. 的声音"公益行动是明日科技在2019年发起的公益爱心项目，就是他们的"听见App"可以为听力障碍人士免费提供实时语音转文字的服务，希望帮助聋人朋友能够用文字去感受世界，进行日常沟通。所有听力障碍人士，只需上传残疾证即可免费申领服务。具体的申请步骤如下：1. 能够符

---

① 原句为"200分钟"，这里采纳聋人译者的建议，翻译时转译为"3小时"，让聋人对时长更清晰。

合申领资格的人群为持有《中华人民共和国残疾人证》的听力障碍人士；2．下载"听见App"，打开客户端上传本人的残疾证，提交审核；3．提交审核后的三个工作日内会有工作人员以短信的方式通知审核结果。等审核通过后，就可以免费使用明日科技听见App的实时语音转文字服务。这个App用于与人面对面沟通，获得声音信息。对于所有的听见APP使用用户，在明日科技官方网站或者APP端每成交一笔机器快转服务的订单，可为公益服务行动捐赠3分钟转写时长；而每购买一台听见P系列的产品硬件，可为公益行动捐赠200分钟转写时长。

3.1 手语口译

● 世界聋人大会活动现场

请阅读这部分的参考译文，也可提出自己的不同译法。

大家好，我现在在法国巴黎。这是我梦寐以求的城市，如今我梦想成真了！大家可以看到，我周围的每个人都在用手语交流，我仿佛置身于一个聋人的世界。这次活动的主办方是WFD，WFD是世界聋人组织联合会。这次活动共有100多个国家参与。大家来自不同的地方，手语也不一样，有美国手语、英国手语、捷克手语、法国手语等等，还有我们的中国手语。大家来到这里，从陌生到熟悉。这是WFD主办的第19届活动了，这届活动的主题是"人人都有使用手语的权利"。当我看到手语的时候，我的内心受到了震撼。我们的语言是手语，我们有使用手语的权利。手语和其他语言的地位是一样的。这次活动邀请了各个国家各个领域里最优秀的聋人来演讲，内容精彩纷呈。在长达7天的活动日程中主题发言就有60场，有手语教育专题、聋人教育专题、聋人就业专题、聋人维权专题，还有无障碍信息渠道专题。凭我一己之力无法参加所有的专题演讲。幸运的是我们团队共有7人来此参加活动，我们每人参加不同的专题。大会结束后，我们将对获取的信息进行总结提炼，最后将最精彩的内容分享给大家。

3.2 口语手译

● APP活动申领说明

请扫描二维码，观看这部分的翻译建议。也可提出自己的不同译法。

第三课
辨识主要信息

本课内容提要

1.1 技巧讲解

辨识主要信息

主要信息在口译训练中一般又称为主旨，指的是对一个语篇的核心信息和中心思想的概括。掌握辨识主要信息的能力，既是出于训练的需要，也是实践的需要。一方面，译员应该学会在一段话中透过冗余啰嗦的语言，迅速抓住重点，把握发言人的真实意图；另一方面，在真实的手语同步传译工作场景中，出于时间限制、紧跟原语发言语速等要求（如新闻手语传译），译员也需要有能力做出概括性的翻译。

提炼主旨信息的训练可以通过限制字数或者时间来进行，例如，用不超过50个字来概括300字的短文，或者用30秒概括1分钟的发言。这种对篇幅的限制实际上体现了主要信息的一个特征，也就是主要信息是对语篇原文的相对浓缩和概括，不同的要求可产生不同精炼程度的主要信息。

辨识主要信息、提炼主旨的基础是对语篇的逻辑分析。通常情况下，一个语篇所包含的信息可分为主要信息和次要信息。主要信息的概括性更强，文字更凝练，表达发言意图的重要性更突出。在提炼主旨信息的时候，我们往往对信息的层次进行评估，并根据篇幅要求将相对更重要的信息抽取或概括出来作为主旨，舍弃用以说明、阐述、展开或者举例的具体而次要的信息。

在前面两课中，我们讨论了如何提取关键词、分析逻辑关系，这就为辨识主要信息、提炼主旨奠定了基础，因为关键词和逻辑关系是判断信息主次程度的依据。举一个例子，请快速阅读下面这段话：

近日，中国教育在线发布《2019年高招调查报告》。报告显示，2019年，高考报名人数历经10年再次跃上千万量级，高考录取率已攀升至高位。2008年高考报名人数达到1050万，录取率仅为57.87%，而2018年高考报名人数再次破千万，录取率则已高达81.13%。报告分析指出，我国高等教育办学规模也在不断扩大。截至2018年，我国高等院校总数达到2663所，约为1998年的2.6倍、1978年的4.4倍。同时，根据相关部门严管自主招生的要求，各高校大规模缩减了自主招生数量，提高了自主招生的要求。

读完这段话，可以明确其第一层的主要意思在于分析"2019年的高考变化"。第二层的信息则是分析了三个方面的变化：一是高考人数破千万且录取率上升；二是高等教育办学规模不断扩大；三是高考自主招生更加严格。而具体的录取率、高校数量等信息则是细节信息，用于说明和补充，属于下一个层次的信息。

在训练时，我们可以遵循这样的思路，如果只能用一句话来概括这段话，你会用哪句话？如果可以用四句话来表达，你又会说哪四句？这样，可以根据重要程度，把信息一层一层地表达出来。需要注意的是，主要信息不一定是原文中的原词原句，有时候也需要进行概括和提炼。例如上面这个语篇，"高考变化"并没有直接点明，但是译员应该有能力获取这个意思。

在聋人打手语的时候也同样需要注意聋人描述的主次信息。有些信息是直接描述的，有些信息是隐藏的和省略的，特别是手语很多描述是多维空间同时进行的，可能主要的信息同时出现，需要我们快速找到手势与手势之间的关系，理解整句话的含义，对其进行描述。例如，在本课语篇《手语诗》中有这样一句话：

"|看/抓(中性空间→眼前)/指(脖子→大脑)/机器||指(大脑→心)/感受/机器/图画/一样||脑子/机器/指(肩→手)/手语|"

聋人在描述这句话的过程中所运用的手势很精简，但其描述的是一段很长的过程："我们眼前看到的事物，首先进入我们的大脑，再进入我们的心灵与我们的心灵相结合。再通过我们大脑思维的运转形成具有画面感的视觉图像，最后通过我们的双手将其以视觉的形式表达出来。"在这里我们就可以对其进行主要信息的辨识处理，首先是看到的事物，其次是将思维和心灵进行结合，然后形成视觉形式的画面，最后通过双手表达。那这段手语的主旨我们就可以描述为：将我们所看所想的事物通过我们的双手以视觉的形式进行手语描述。

在自我训练的时候，译员可以先用短小的逻辑性较好的语篇进行练习。比如看一段1-2分钟的手语或者听一段1-2分钟的中文发言，然后要求自己用不到一半的时间将原语表达的主要信息概括出来。表达时可以用原语，也可以用另一种语言加大难度。

1.2 技巧练习

本单元练习的技能主题为辨识主要信息，请大家两人一组完成本章节练习。本节参考答案见附录2。

练习01–03为口语手译的句子练习。请先根据下列汉语句子简述句子的主要信息，并记录下来。然后和同伴的概述进行对比，说出自己的理由。根据各自概述的主要信息将整句话译成手语。句子的手语译文可参考二维码中的视频。

1) 很多地名手语都有当地的打法，我们要充分尊重，保持当地地名手语。

   句子的主要信息：_____

2) 为了做成这笔交易，我希望双方都做一些让步。50%按付款交单，其他按合同交单好不好？

   句子的主要信息：_____

3) 节日临近，我们都会张罗着做馒头。面团团成圆形后，在四个角用小拇指头戳个洞，塞入洗干净的红枣。

   句子主要信息：_____

练习04–06为手语口译的句子练习。请扫描上面的二维码，先观看手语句子视频，记录能代表主要信息的手语词组，和同伴找出的手语词组进行对比，说出自己的理由。然后根据主要信息内容的手语进行口译练习。

4) 句子主要信息：_____

   （参考译文：这样我们聋人的障碍就会一点点减少了。我们要重视通用手语采集工作，争取一次成功不要再三变动。）

5) 句子主要信息：_____

   （参考译文：我希望聋人朋友们都能对自身身份有一个清晰的认识，正如听人自信大胆地说话，我们聋人打手语也要自信大方，而不是畏畏缩缩！）

6) 句子主要信息：_____

   （参考译文："让有声世界领略无声世界的生命之美，让无声世界感受有声世界的人本关爱" 是世界聋人小姐先生大赛中国赛区的理念。）

二、译前准备

2.1 主题知识准备

本单元练习的主题为媒体采访，学生在课前应对相关领域的内容进行检索与阅读，合理进行译前准备，在课堂上进行相关信息分享。

1) 搜集整理媒体采访的常用话语，如大家好；我们很荣幸邀请到XXX；您在这个过程中最大的感慨是什么？

2) 搜集整理优秀的手语自媒体平台，可将这些平台作为课下练习的素材内容。

3) 搜集聋人采访的相关视频，将里面常见的手语进行整理罗列下来，进行课前预习。例如，聋人自我介绍、聋人的工作经历、聋人对某些事情的看法。聋人自我介绍经常涉及人名、地名、时间、学校名称，这些在翻译中都是较为麻烦的难点。

4) 寻找聋听结合采访的视频片段进行翻译练习，例如两会时期对聋人代表邰丽华的采访。

5) 设定情景，深入学习专题知识。两人一组，相互配合，假设你在某聋人高校单独招生考试的招生现场，作为现场记者，你要对带队老师、招生院校负责人进行采访。请罗列采访内容，并两人一组进行情景代入式练习。

6) 请讨论译员在面对采访类翻译时，应注意哪些事项？需要做哪些译前准备工作？

2.2 语言准备

请扫描二维码，学习和本课主题相关常用词句的双语表达。因篇幅限制，以下列出的图片仅选取了部分词组，每个词组仅截取了两个动作。完整的词汇表详见附录1：语言准备部分词汇表。

报纸报道

广播电视宣传

电视台

记者采访

大众传播

媒体邀约

新闻评论

提高了门户网站的知名度

交互视频网站

增加了网友的关注度

三、篇章传译

3.1 手语口译

● 手语诗

情景介绍：

这个发言选自一家聋人自媒体对一位中国手语诗人的采访，内容是受访者介绍自己对手语诗的了解与认识①。

短语与句子：

请扫描二维码，提前熟悉视频中相关的短语和句子。

手语诗，聋人常这样表达手语诗

和我们之前看到的手语歌是不同的

国外资料丰富

手语VV，又叫做视觉白话文

双眼看到信息然后进入大脑，再通过大脑传至内心

再通过大脑加工以画面的形式通过双手表达出来

面部表情、肢体动作和手语化为一个整体进行抒发表达

就像电影般呈现，跳跃、旋转、飙车、冲撞等，多种多样

通过看来受到心灵的震撼

听人是通过声音来传递感受的

传译练习：

请扫描二维码，根据视频内容进行传译练习。

3.2 口语手译

● 硬核老头

情景介绍：

这个发言选自2019央视主持人大赛3分钟即兴表演环节，参赛选手就一张新闻图片进行即兴演讲。图片内容是在公交车上，一位老大爷背着一个包，包上挂着"勿需让座"的红色LED灯牌。

---

① 该对话对手语类标记结构的使用丰富，可根据自己的逻辑组织语言。

短语与句子：

请扫描二维码，提前熟悉对话中短语和句子。

他是一个老人，大家都叫他"硬核老头"①

原因很简单②

看到老人我们会自觉地起立让座

他很特别，身上背了一个牌子

上面写了四个字，勿需让座

关心和照顾让我们非常感动

我们民族经历了5000年的历史

有一个很重要的原因，就是我们有很多大智慧和高贵复杂的精神

（刘③）老人给我们让座是情分

我们晚辈给老人让座是本分

我们要对老人多关注的提示

对真善美生活的期待和憧憬

传译练习：

请扫描二维码，根据音频内容进行传译练习。或两人一组，一人发言，一人练习传译。

📖 语篇文稿：

　　今天我们要说的是一个人，一位老人。甚至有人管他叫做"硬核老头"。原因很简单。平时我们在坐地铁坐公交的时候，看到老人我们会自觉地起立让座。但是这位老人却很特别，在身上写了"勿需让座"。他对于年轻人的这种关照和心疼也真的是很让人动容。但是在我看来，能够让这个民族经历5000年的风霜，有很重要的一个原因，就是我们有很多有大智慧的、高贵的、复杂的精神。而在这其中尊老爱幼是很重要的一个。老人给我们这些年轻人让座，这是一种情分。而我们这些晚辈给这样的老人去让座，给他们更多的关注是一种本分。这种情分和本分的相互交融是极其珍贵的。是的，他身上的那个红红的灯，点亮了我们对老人更多关注的一种提示，也正是老人的对我们的心疼和关照点亮了我们对于向真向善向美的生活有更好的期待和憧憬。谢谢大家。

---

① 这里面译者"1"手型是类标记手型，在句中指代句中的主人公"老人"。
② 译者的手语是"了解/简单"指代了解事情之后发现原因很简单。
③ 原文主人公姓"刘"，视频中译者在这里将原文主人翁的姓氏打了出来。

四、参考译文

3.1 手语口译

● 手语诗

请阅读这部分的参考译文，也可提出自己的不同译法。

　　手语诗，也可以这样表达，聋人经常用这个手势来表达手语诗。它区别于我们常看到的手语歌。手语诗是什么，其说法来自国外。在国外有非常丰富的手语诗，但在搜索资料时我发现相关的理论和研究却比较少。上世纪60年代，手语诗开始出现，被称为手语VV[①]，将其转译过来就是视觉白话文。而手语的打法，我自己是这样表达的。之所以这样表达，是因为它的感觉就像大家平时看电影，通过视觉的方式，双眼接收到信息后，进入大脑进行加工，然后传递到内心，最后以画面的形式通过我们的双手表达出来。在这个过程中，面部表情、肢体动作和手语将化为一个整体进行情感的抒发，如看电影般的呈现，跳跃、旋转、飙车、冲撞等等，多种多样，通过双眼的看来受到心灵的震撼。听人的语言艺术是通过发出的声音进入人们的大脑和内心世界，而聋人是通过双手的传递，进入聋人的大脑和内心世界。

3.2 口语手译

● 硬核老头

请扫描二维码，观看这部分的翻译建议。也可提出自己的不同译法。

---

① 手语VV (VISUAL VERNACULAR)

第四课
借助语境推测语义

本课内容提要

一、传译技巧

1.1 技巧讲解

借助语境推测语义

在实际翻译的过程中，译员经常会遇到生词、难词，比如生僻的地名、人名，某一学科的专业词汇、历史典故、缩略语等，或者是聋人的地方手语词汇。在遇到这类情况的时候，译员切勿慌张，或者卡在那里一直想对应的词语翻译，而应保持冷静，通过语境推测出词语的含义，不露声色地表达出来。通常情况下，译员不太熟悉的新词对于观众而言，也可能不能马上理解其意思，需要译员传达的是意思，而非具体的字和词。在这个时候，译员应主动根据语境来解释和说明，而不必机械地去找字字对应的表达。

译员应该具备语篇意识，从总体来考虑，利用语境来理解词义。语境即语言所处的环境，包括语言语境与非语言语境。语言语境是一个词所在的那句话、那段话或者整个语篇，也就是人们平时所说的"上下文"。非语言语境包括说话的时间、地点、周围事物、说话人的背景以及和听话人之间的互动关系等种种情况。

语言语境能帮助译员推测词义，这是因为在任何语言系统里，语言的前后语序都有一定的规律可循。碰到不熟悉的词，译员可以稍微等一下，借助其他成分来推测词义。语境中也包含丰富的逻辑关系，例如因果、对照、解释、概括、举例等，这种规律可以帮助人们对特定语境中的词义进行推测。另外，语言系统内部存在着大量的冗余现象，语言的冗余带来信息的冗余。比如，很多意思相近或相对的词汇都是成对出现的，理解了其中的一个，另一个也不难理解。下面的三个例子对应了以上的三种情况：

例1：茶水中含有单宁酸这种化学物质，会促使胃内的物质凝固，影响蛋白质的吸收。

如果译员不了解"单宁酸"是什么，此处可以模糊处理成"一种化学物质"。

例2：获得比赛的第一名虽然看似月亮里的桂花树，但是只要努力，也是有很大希望的。

"月亮里的桂花树"在这里是一个歇后语，译员可能一下子不能理解它想表达的含义，但是看到转折的后半段，就不难理解其含义，即高不可攀，可望而不可及。

例3：读者对于文学作品的要求，不仅要有通俗易懂的下里巴人，而且也要有高雅深奥的阳春白雪。

假设译员不了解"下里巴人"和"阳春白雪"这两个成语的意思，也可以通过通俗易懂和高雅深奥来猜测，甚至只需要译出通俗易懂和高雅深奥就足以表达全句的意思。

在手语口译过程中，我们经常会遇到生僻的手语或者具有地方特色的地方手语，这时候需要通过整句话来推测出生僻手语或者不熟悉手语的含义。例如我们1.2技巧练习的第4句：

|江西/瓷器/<u>有名</u>(表情)||土/黏–合/制做/瓷器||这/等等/丰富||江西/手语/哪/来||瓷瓶/<u>这</u>(左→右)/有关系|

在聋人第一次打出"江西"的手势词的时候我们并不能及时推测出其表达"江西"的含义，但是通过后面的句子我们可以很快推测出这是一个地名。但是如果对江西不了解，那么我们在翻译过程中可以暂时处理为：一个地方的瓷器很有名，用泥土塑形制造，品种非常丰富，所以这个地方的手语就和瓷器有关系。

除了依靠语言语境进行推测以外，译员也可根据非语言语境，包括借助讲话的主题、内容、顺序、语气等来推测词义。因为传译活动是一种目的性很强的信息交流活动，一般都围绕一定的主题进行，所以译员可以积极调动大脑里与主题相关的知识，帮助理解新的信息。

总之，译员无论是利用语言语境还是非语言语境推测词义，都是为了充分发挥语境各要素的作用，达到准确理解的目的。

1.2 技巧练习

本单元练习的技能主题为借助语境推测语义，请大家两人一组完成本章节练习。

本练习01–03为口语手译练习，请先根据下列文字进行手语翻译练习，尤其注意可能用手语表达会有困难的词组，尽量根据上下文将其含义用手语表达出来。可扫描二维码对比自己的译文和视频里的手语译文。

1) 西安的肉夹馍和羊肉泡馍十分有名，我很喜欢。我去西安的时候特意去回民街吃了他们的肉夹馍和羊肉泡馍。

2) 我国历史源远流长，唐朝时丝绸之路繁荣兴盛，后因战争因素，丝绸之路日益衰落。

3) 希望医生能够懂一点手语，更好地帮助聋人，更好地为民服务。

本练习04–06为手语口译练习，请先不看下面的汉语译文，而是扫描二维码看视频里的手语句子，注意有些难理解的手语词汇，可联系上下文进行语义推测，并进行口译。对比自己的译文和以下参考译文。

4) 参考译文：江西的瓷器非常有名，用泥土塑形制造，品种非常丰富，江西的手语也就与瓷器有关。

5) 参考译文：携带小朋友去动物园参观的时候一定要注意，小朋友不要离开父母，也不要私自触碰动物。要在有专业人员的指导下，在指定区域才可以触碰。

6) 参考译文：我们中国历史悠久，堪称世界第一。印度、埃及也都是古国，但是历史文化却没有传承好，出现了断层现象。只有我们国家一脉相承，传承了5000年的历史。

二、译前准备

2.1 主题知识准备

本单元练习的主题为旅游介绍，学生在课前应对相关领域的内容进行检索与阅读，合理进行译前准备，在课堂上进行相关信息分享。

1) 对各种不同类型的旅行方式进行了解，例如跟团游、自驾游、半自助式旅游、出境游等，并了解其相关介绍，将常用词汇进行分类，例如：海关、入境单、签证等属于出境游；集合地点、导游、自费项目属于跟团游；网红打卡、出行攻略等属于自驾游。

2) 选择周边的热门旅游打卡景区进行了解并试着用手语介绍给同学。例如二七广场、云台山、普陀寺、鼓浪屿等。

3) 搜集一些旅游介绍类的视频，如《舌尖上的中国》《一起去旅行》等节目，进行跟打练习，录制下来和同学探讨交流手语转换是否准确。

4) 积极搜集聋人旅游方面注意事项，例如残疾人证的免票规则，或者残疾人证的检票方式或者换票渠道，并试着通过手语进行描述。

5) 设定情景，深入学习专题知识。假设你为某单位组织聋人前往博物馆参观"红色革命"展，作为陪同的手语翻译，你在工作前应做哪些准备？具体什么内容？

6) 试着用手语介绍从一个空间到达另一个空间的路线，例如从学校怎么去火车站，到火车站之后应该怎么走才能到达售票窗口。

2.2 语言准备

请扫描二维码，学习和本课主题相关常用词句的双语表达。因篇幅限制，以下列出的图片仅选取了部分词组，每个词组仅截取了两个动作。完整的词汇表详见附录1：语言准备部分词汇表。

5A级景区

签证

预订房间

往返机票

跟团旅游

国外旅游

行李寄存处

旅游巴士

世界文化遗产

自驾游

三、篇章传译

3.1 手语口译

● 故宫取消纸质票

情景介绍：

这个发言是一位北京聋人对故宫取消纸质票之后故宫游览攻略的介绍。

短语与句子：

请扫描二维码，提前熟悉视频中相关的短语和句子。

到故宫门口发现人很少，排的长队都不见了

以前人很拥挤，现在没人了，去哪了？

北京宣布取消故宫纸质门票

节省时间

通过身份证网络购票就可以进入了

外籍人员通过相关证件(护照)也可以通过网络购票进入

老人、儿童等不会上网的人

去故宫一侧原售票窗口取票

老人卡，1.2米以下儿童、学生证可免费取票

不用因门票的印刷而砍伐大量的树木

买票、验票排队都会消耗掉大量的时间

售票工作人员每天工作繁重也心力交瘁

而现在时间省下来了，人力也省下来了

第一次去故宫因为故宫很大而不知道怎么玩的朋友

深度游玩5个小时左右

告诉大家最好从南门就是靠近升旗台的门进，

左侧开始单线游览然后从靠近景山公园的那个门出

记得不要因为走错了而浪费时间

传译练习：

请扫描二维码，根据视频内容进行传译练习。

3.2 口语手译

● 西安兵马俑

情景介绍：

这个发言是对秦始皇兵马俑的一段介绍。

短语与句子：

请扫描二维码，提前熟悉语篇中部分短语和句子的手语打法。

在陕西省西安市有一座遗址性专题博物馆

它叫做秦始皇兵马俑博物馆

秦始皇陵墓陪葬坑的陶制兵、马、车等文物

姓嬴名政①

出生于公元前259年

13岁继承了秦国的王位，当上了大王

22岁掌握了秦国政权

他继承并发扬了之前几代秦王已经取得的辉煌业绩

还发起了对东方六国的最后攻势

公元前221年完成了统一大业

中国历史上第一个中央集权的、统一的、多民族国家

超越了三皇五帝②

便取了"皇"和"帝"两个字③

代替了当时"王"的称号

之后所有的统治者都沿用了"皇帝"这个称号

废除分封制

确立郡县制

统一文字、货币、度量衡

---

① 译者在这里对"嬴"进行了释义，在平时翻译中如时间有限可灵活处理。

② "皇"来自通用手词典中的"领袖"一词，是"皇"打法的老传统习惯，"帝"来自通用手语词典"帝国主义"中的第一个手势。

③ 此处需联系上文，并进行释义，代表"皇""帝"两个字来源于上文中的"三皇五帝"。

请扫描二维码，根据音频内容进行传译练习。或两人一组，一人
发言，一人练习传译。

📖 **语篇文稿：**

　　在陕西省西安市有一座遗址性专题博物馆，它叫做秦始皇
兵马俑博物馆，里面主要展示了秦始皇陵墓陪葬坑的陶质兵、
马、车等文物。秦始皇是中国第一个皇帝，他姓赢名政，出生
于公元前259年。他13岁的时候继承了秦国的王位，当上了大
王，22岁掌握了秦国政权。亲政后他继承并发扬了之前几代秦
王已经取得的辉煌业绩，还发起了对东方六国的最后攻势，在
公元前221年完成了统一大业，建立了中国历史上第一个中央
集权的、统一的多民族国家——秦朝。他觉得自己功绩超过了
三皇，德行超过了五帝，便取了"皇"和"帝"两个字，代替
了当时"王"的称号，自称皇帝。之后所有的统治者都沿用了
"皇帝"这个称呼。在统一后，他实施了一系列伟大的措施巩
固统一：废除分封制、确立郡县制，统一文字、货币、度量
衡，修建长城等。为一个多民族国家长期发展奠定了坚实的
基础。

四、参考译文

3.1 手语口译

- ### 故宫取消纸质票

请阅读这部分的参考译文，也可提出自己的不同译法。

现在我们聋人去故宫游玩，到门口发现人很少，之前排的长队都不见了，以前人很拥挤，现在没人了，都去哪了？原来是2017年的时候北京宣布取消故宫纸质门票，为了节省时间，大家在网上购票即可，通过身份证网络订票就可以快速进入故宫。外籍人员通过相关证件也可在网上购票进入；港澳台同胞也是通过身份证件网上购票进入故宫。老人、小孩等不会网上购票的人可去故宫原售票处的服务窗口取票。老人卡，1.2米以下儿童、学生证可免费取票；超过1.2米且没有证件的人员可在现场购票进入故宫；我们聋人朋友凭残疾证可免费取票。

为什么取消纸质门票？首先是为了环保。这样就不用因门票的印刷而砍伐大量的树木。其次可以节省时间，买票、验票排队都会消耗掉大量的时间，售票工作人员每天工作繁重也心力交瘁。而现在时间省下来了，人也轻松了，大家心情都好，玩得也开心。

第一次去故宫因为故宫很大而不知道怎么玩儿的朋友可以去导游处(借讲解器的地方)咨询。聋人朋友可以通过笔谈的方式询问工作人员或用手机拍下导览图或拿着纸质导览图游玩。故宫呈四方形，是单线游览，深度游玩需要五个小时左右，粗略的游览差不多一个小时左右。我想告诉大家，最好从南门就是靠近升旗台的门进，左侧开始单线游览。然后从靠近景山公园的那个门出，这样玩儿差不多一两个小时就够了。如果想细细地观看，可能需要三四个小时。更加深入的游玩需要五个小时。最后说一下，故宫是南门进北门出单线游览，记得不要因为走错了而浪费时间，出了故宫还有很多景点可供游玩。

3.2 口语手译

- ### 西安兵马俑

请扫描二维码，观看这部分的翻译建议。也可提出自己的不同译法。

第五课
手语传译环境的准备

一、传译技巧

1.1 技巧讲解

手语传译环境的准备

译前准备对手语译员来说是翻译环节中极为重要的一个环节,和后续的手语翻译能否顺利进行有着密切的关系。在实际的手语传译过程中,除了掌握具体的理解、表达、分析等翻译技巧之外,还应该对手语传译环境的要求有一定的了解,体现出译员的专业性。和有声语言的同声传译不同的是,大部分社会人士对手语翻译的理解极其表面化,手语译员不仅要对翻译内容进行译前准备,还要就手语传译环境的要求与主办方进行沟通。译员不仅要承担协助双方交流的工作,还应该在会场布置、设施等方面提出建议,帮助组织方更好地协调全场活动,以取得整个活动的圆满成功。本课我们将针对现场设备、译员着装等事项进行简要描述。

现场设备

手语传译需要用到的设备包括同传耳机、话筒、相机、显示屏等。手语传译和有声语言的同声传译不同,手语译员没有专业的同传室,经常需要在现场进行同步传译。现场的设备对手语译员起到很大的辅助作用,例如同传耳机,可以清晰地听到发言人的讲话。在有条件的地方尽量向主办方索要同传耳机。如果没有,在翻译的时候应尽量靠近发言者或者音箱的位置,保证能够清晰地听到发言者的内容。在手语口译的传译活动中,译员应提前到场,测试话筒音量,必要时携带电池以防话筒没电而来不及找工作人员更换。值得注意的是,翻译话筒应该作为专用话筒使用,一般情况下不做他用;在口语手译的传译活动中,译员需提前向主办方确认是否需要做将手语译员投射到大屏幕上(简称手语翻译上屏)的准备。如需要,应提前将录制设备、数据传输工具、手语翻译录制台准备妥当并及时和负责的录制人员沟通,确定好站位、录制设备正常使用及信号传输的正常。一般情况下可以和主办方沟通,确定一个工作人员全程负责。如果遇到需要多种手语及手语到手语的传译活动时,译员还需要调试现场的录像机及显示屏,确保可以拍摄到译员上半身及面部表情,且从译员的角度也可以清晰看到显示屏的内容,不会有反光等困扰。具体的站位和设备摆放可参考第十一课"译员的站位"。此外,还要预留接力译员的座位及工作设备,确保接力译员通过设备可以正常了解现场所发生的事情。另外还要注意,有些场所的环境比较黑暗,需要和主办方联系,为手语译员打光,让聋人观众都能清晰地看到手语译员的手语。

(图1)活动会议中手语译员的形象上屏

(图2)现场过暗，手语翻译需要投射灯光

着装

手语译员要注意着装符合场合的要求，比如正式场合要正装，在非正式的场合，译员可以根据情况穿着合适的服装，比如旅游翻译可以穿运动服。女性译员最好将头发扎起来，刘海不要遮住面部。

手语译员还需要注意服装的颜色，因为服装颜色会影响聋人看译员手语的清晰度。对于肤色较浅的手语译员来说，黑色或深色服装能让手部及面部的颜色与服装产生较大反差，更容易让观众看清楚手部动作。如下图中美国总统选举辩论时，屏幕右边三位手语译员分别为两位总统候选人和辩论主持人做传译，他们的衣服都是深色。(图3)

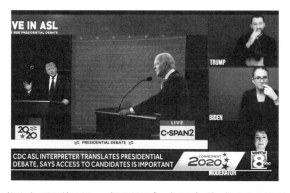

(图3)手语译员一般以深色或黑色作为翻译着装

1.2 技巧练习

本单元练习的技能主题为手语传译环境的准备，请大家两人一组完成本章节练习。本节参考答案见附录2。

练习一：假设你接到一个为学校运动会开幕式做手语翻译的任务，请列出接到任务后你会做哪些准备，和同伴进行讨论，看是否有遗漏。

练习二：结合之前技能的学习，进行翻译练习。

练习01–03为口语手译的句子练习。结合之前学习的技能，将你认为最好的手语表达方式进行转写，记录在句子下方，然后和同伴的转写进行对比，说出自己的理由。然后打成手语，和同伴进行互评。句子的手语译文可参考二维码中的视频。

1) 这次讨论会办得特别成功，我特别高兴。会上大家讨论得非常激烈，热火朝天。

   手语译文转写：_____

   _____

2) 有的人是5岁时因药物致聋，有的可能是20多岁致聋的，各种各样的情况都有。

   手语译文转写：_____

   _____

3) 今年6月8号将迎来文化和自然遗产日，文化和旅游部将在全国范围内开展一系列的非遗类展出活动。

   手语译文转写：_____

   _____

练习04–06为手语口译的句子练习。请扫描上面的二维码，先观看手语句子视频，将看到的手语视频进行翻译，记录在句子下方，和同伴的记录进行对比，进行互评。

4) 我的译文：_____

   _____

5) 我的译文：_____

   _____

6) 我的译文：_____

   _____

2.1 主题知识准备

本单元练习的主题为会议发言，学生在课前应对相关领域的内容进行检索与阅读，合理进行译前准备，在课堂上进行相关信息分享。

1) 会议的过程中，译员会面对口音、场地、设备等多项问题，需要针对这些情况多想出一些预案。

2) 请搜集一些会议发言的文稿或视频，文稿自行录制成声音，进行全程跟打练习，并全程录制，对其中的一些问题进行探讨交流。

3) 积极收集聋人对于一些专业名词的打法，并与同伴探讨打法。

4) 设定情景，深入学习专题知识。假设某市残联召开聋人信息无障碍环境建设座谈会，期间会有多名聋人用手语发言，你作为残联聘请的手语译员，应做哪些准备？具体什么内容？

5) 挑选一个会议常用词汇进行手语解释。例如："工作小组"，工作小组又称计划推进小组、项目小组、过程小组或活动小组。

2.2 语言准备

请扫描二维码，学习和本课主题相关常用词句的双语表达。因篇幅限制，以下列出的图片仅选取了部分词组，每个词组仅截取了两个动作。完整的词汇表详见附录1：语言准备部分词汇表。

改进方案

热烈欢迎

各项工作任务

研讨会

国际会议

会议流程

会议摘要

讲座教授

手机调至静音或者振动模式

疑点难点

45

三、篇章传译

3.1 手语口译

● 活动发言

情景介绍：

这个发言来自聋人培训活动中参会的主办方聋人代表发言。

短语与句子：

请扫描二维码，提前熟悉对话中的短语和句子。

从来没接触过手语

后来我从事手语和聋人相关的工作

才开始接触手语

之前工作的领导是一个聋人，他让我真正认识到了我是谁

最早我觉得手语和汉语一样，按照汉语的顺序打出来的就是手语

后来和聋人多次合作

但是现在很多年轻人都以汉语的语序为打手语的标准

回去之后能够在自己的工作岗位上发光发亮，影响更多的聋人

最近我参与听人的活动比较多，经常和他们沟通

发现他们身为大学生都非常的聪明、乐观

但是没有聋人去告诉他们真正的手语是什么，没有正确的引导

为他们树立正确的聋人观和手语认识

传译练习：

请扫描二维码，根据视频内容进行传译练习。

3.2 口语手译

● 旅游论坛发言

情景介绍：

这个发言来自某届旅游论坛开幕式上的嘉宾发言。

短语与句子：

请扫描二维码，提前熟悉语篇中部分短语和句子的手语打法。

西部旅游业发展水平

自身资源优势的特殊地位还不相匹配①

如何更快地把资源优势转化为经济优势

更好地实现旅游资源向旅游资本的转变②

加快旅游业的发展成为我们共同关注的现实问题

造福于当地人民

旅游发展格局

促进西部旅游业

我们应该长期坚持的目标

国内外专家学者能在此次会议上畅所欲言

为西部旅游业的发展出谋划策、贡献力量

难得的传经送宝的机会

传译练习：

请扫描二维码，根据音频内容进行传译练习。或两人一组，一人发言，一人练习传译。

📖 语篇文稿：

　　总体上看，西部旅游业的发展水平与我们自身资源优势的特殊地位还不相称。如何更快地把资源优势转化为经济优势，更好地实现旅游资源向旅游资本的转变，加快旅游业的发展，成为我们共同关注的现实问题。西部旅游经济的繁荣和发展，不仅造福当地人民，而且有利于全国经济社会发展大局。积极构建开放、互动、共赢的旅游发展格局，促进西部地区旅游业更快更好地发展，是我们应该长期坚持的目标。我们坚信，在充满希望的21世纪，西部的旅游经济一定会兴旺繁荣。

　　衷心地希望各位国内外专程赶来的专家学者能在此次会议搭建的平台上畅所欲言，为实现西部旅游业的发展出谋划策、贡献力量。对于西部来说，本次会议是一个难得的传经送宝的机会。我们会珍惜这次学习的契机。最后，预祝本次论坛取得圆满成功。

---

① 译者的手语为：自身/资源/优势/高低（暗指地位的高低）/不匹配。

② 译者的手语为"真/提前/旅游资源/转化/经济/旅游。"其含义为更早地将旅游资源转化为旅游经济，直接打"资本"不利于聋人受众的理解。

3.1 手语口译

● 活动发言

请阅读这部分的参考译文，也可提出自己的不同译法。

　　大家好，首先对大家踊跃报名这次培训活动我感到非常高兴，也很感谢大家能来参加这次难得的活动。我自己是在听人环境长大的，没有接触过手语。之前我周围的人也告诉我，我不是聋人是听人。直至后来我从事手语和聋人相关的工作，才开始接触手语。当时我的领导是一个聋人，他让我真正认识到了我是谁，也认识到手语对聋人来说多么重要。所以，我希望能有更多像我这样的聋人能正确地认识自己，接纳手语。最早，我觉得手语和汉语一样，按照汉语的顺序打出来的就是手语。后来和聋人多次合作，让我认识到手语和汉语是两种不同的语言，但是现在很多年轻人都以汉语的语序为打手语的标准。这次来参加培训的都是优秀的聋人老师，这次活动的老师也是国外著名的聋人手语语言学学者。我希望大家培训完之后能够在自己的工作岗位上发光发亮，去影响更多的聋人。最后就是希望大家能够影响身边的听人群体。最近我参与听人的活动比较多，经常和他们沟通，发现他们身为大学生都非常的聪明、乐观，对手语和聋人群体充满了兴趣，但是没有聋人去告诉他们真正的手语是什么，没有正确的引导。这次培训有两个听人参与，我觉得这是很好的现象。聋听本来就是要融合的，希望大家回去也能够影响身边的听人，为他们树立正确的聋人观和手语观。

3.2 口语手译

● 旅游论坛发言

请扫描二维码，观看这部分的翻译建议。也可提出自己的不同译法。

第六课
逻辑记忆

一、传译技巧

1.1 技巧讲解

逻辑记忆

记忆可分为长时记忆和短时记忆。长时记忆里储存的是平时积累的生活常识、专业知识、各种经历等等，其容量是无限的。信息在此储存的时间相对较长，有的甚至终身不忘。而短时记忆只是暂时储存刚刚接收到的信息，比如一个电话号码，随后有的信息可能会进入长时记忆得以保存，有的则会很快被遗忘。

传译时，译员需要将听到或者看到的信息暂时储存，同时触发长时记忆中相关的知识和经验对新信息进行关联、分析、理解和记忆。这时的短时记忆和被激活的长时记忆被称为"工作记忆"，工作记忆对信息进行深度加工并存储信息直到我们完成目的语的产出。

了解传译记忆的这个特点是为了寻找提高记忆效率的办法。从长时记忆的角度，平时多积累翻译可能涉及的相关词汇和主题知识，以及每次任务前进行译前准备，都是为了让这些词汇和知识处于相对活跃状态，在真正的传译过程中随时能够被激活被调用，从而提高自己的理解、记忆和表达效果。

结合前面介绍过的"关键词提取""逻辑关系分析""辨识主要信息"等技巧，传译过程中还可以通过对信息进行逻辑分析来提高记忆的效果。逻辑记忆就是以原文的逻辑结构为大纲，将原文零散的信息点在不同的逻辑层面上组合成较大的信息块，并利用关键词来记忆各个信息块，从而减少要求记忆的信息的数量，减轻记忆负担。按照这个方法，原本的一个语篇可被整合成以几个关键词和逻辑线索串起来的提纲，这样记忆起来就容易。例如第四课《故宫取消纸质票》这个语篇，我们通过句子与句子之间的关系判断出整个段落的关系，将其进行组块以便我们快速记忆：整篇文章由故宫取消纸质票——新的购票方式——取消纸质票的意义——游览故宫的建议和推荐这四部分组成。

另外，我们也可以利用关键词作为节点对段落进行划分，帮助我们快速理解记忆主要内容，例如我们可以将"游客""外籍人员""港澳台同胞""老人""儿童""学生""残疾人"这些主要节点信息进行模块分类，更好地记住段落的主要内容。

如果发言者语言中出现"第一""第二""第三"或者"首先""其次""然后"这样的词汇，我们就可以通过这些词汇帮助我们总结记忆。我们需要对每部分里的关键词汇进行提取，例如"首先"后面的主旨词为"环保"，我们就自然地联想到"砍伐"和"节约资源"；而在"其次"后面的"节省时间"，我们和人工成本结合在一起，就可以快速地将内容记忆下来。

有一点特别需要注意，很多情况下，发言人的表述中并不会有明确的顺序提示"一，二，三"，这时就需要译员具备较好的信息归纳能力，将散乱的信息归纳到不同的逻辑层面中，并通过关键词的提取和记忆，完成对整个语篇的记忆。

1.2 技巧练习

本单元练习的技能主题为逻辑记忆，请大家两人一组完成本章节练习。

练习一：请先准备一段最近发生的一件事件，内容包括时间、地点、起因、经过、结果等，时长2分钟，介绍给同伴，同伴听完之后将主要信息进行记录并复述下来。最后两人对记录的内容进行对比。

我准备介绍的事件：   我听到的事件：

时间：   时间：

地点：   地点：

起因：   起因：

经过：   经过：

结果：   结果：

练习二：本章句子翻译练习

练习01–03为口语手译的句子练习。请对汉语句子进行逻辑记忆并复述出来，然后进行手语翻译。和同伴进行互评。句子的手语译文可参考二维码中的视频。

1) 词典共收录8000多词汇，未改动词汇占原书比例的40%左右。

2) 经过连续5天的学习，大家都很辛苦，但是看到大家精神依然充沛，认真听课，散漫、不上心的情况没有出现，表现得很棒。

3) 我给朋友们介绍，国际手语我爱你的手形在不同方向有不同的意思，可以表示山/下岗/飞机/新/崔等各种意思，朋友们看完无比惊讶！

练习04-06为手语口译的句子练习。请先扫描二维码，观看完手语，根据逻辑记住信息并用手语复述视频内容，同伴可根据复述内容进行口译练习。然后对比原视频，看信息是否准确，逻辑是否清楚。最后对比参考译文与自己的译文，查缺补漏。

4) 我的译文：_____
   _____

5) 我的译文：_____
   _____

6) 我的译文：_____
   _____

4) 参考译文：让大家不断上台锻炼的方法很好，因为大家以后是要回去开展培训的，通过锻炼掌握了方法便于以后各自培训。

5) 参考译文：只争朝夕，不负韶华。

6) 参考译文：语料库是以电子计算机为载体的真实语言数据库，其存放的是在语言实际使用中真实出现过的语言材料。真实语料需要经过加工，才能成为有用的资源。

二、译前准备

2.1 主题知识准备

本单元练习的主题为学术会议，学生在课前应对相关领域的内容进行检索与阅读，合理进行译前准备，在课堂上进行相关信息分享。

1) 学术会议是最能体现译员素质的场景之一。一场学术会议往往是以天来计算的，安排紧密，信息量爆棚，需要译员的专业知识储备、译前准备以及身体状况都要处于一种极高的水准。请大家讨论一下学术会议之前需要做什么相关的准备工作。

2) 寻找和聋人、手语相关的主题会议，并按会议发言的方向总结相关的手语词汇。例如康复会议中的"人工耳蜗""助听器""频率""感音性耳聋(传音性耳聋)"，手语语言学会议中"指代性名词""角色转换""动宾一体""类标记"等。

3) 寻找学术会议聋人发言的视频，试着进行口译练习，之后和同伴讨论练习过程中的难点和疑点。例如生僻词汇如何解决？发言人内容逻辑不通顺怎么办？专业名词手语打法应该如何积累？

4) 寻找学术会议的口语发言，并试着进行手译练习，之后和同伴讨论练习过程中的难点和疑点。例如手语口译和口语手译有什么不同？译前准备是否一致对待？会议过程中出现拗口的专业名词应如何解决？译员之间如何配合完成手译工作？

5) 设定情景，深入学习专题知识。假设你将为一场手语语言学会议进行翻译，发言的人员有聋人专家和听人专家，你可能需要作哪些应对？

6) 挑选一个学术类词汇进行手语解释，对其定义、分类、示例进行手语描述。例如"手语类标记"：[①]手语中的包含运动、位置、操持以及视觉–几何描述的多成分动词(或类标记动词)(Schembri, 1996)。

2.2 语言准备

请扫描二维码，学习和本课主题相关常用词句的双语表达。因篇幅限制，以下列出的图片仅选取了部分词组，每个词组仅截取了两个动作。完整的词汇表详见附录1：语言准备部分词汇表。

拨冗参加

学术成果

---

① 李线宜. 上海手语类标记结构调查研究[D]. 复旦大学，2010.

上台合影留念

学术研究和探讨

前沿技术

展示者的论文

实验科学

学术发展趋势

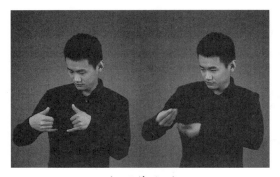

与同侪交流

征询导师

三、篇章传译

3.1 手语口译

● 手语与汉语的差异

情景介绍：

这个发言选自一场学术会议上的手语发言，发言人对手语和汉语的
不同进行了语言学比较[1]。

短语与句子：

请扫描二维码，提前熟悉视频中相关的短语和句子

语音、词汇、语法

汉语和手语的差异[2]

汉语的音节

声母、韵母、音调

汉语基本上是一个字一个音节呈线性的输出

手语的音节机构是由5部分组成

非手控因素[3]

据研究，目前我国手语手形有96个

这5部分就是一个手语词汇的音节特征

手语的音节具有同时性和序列性的特征

汉语音节是一个词一个词的线性表达，是一维的

手语是同时多维度的，包含了动作、手形、非手控因素等等

传译练习：

请扫描二维码，根据视频内容进行传译练习。

---

① 此发言仅代表个别学者的观点，并非手语语言学界的共识。

② 视频中最后一个手势的意思为"最明显的，最显而易见的"。

③ 视频中的"非手控因素，就是表情包含在内的"，译文根据发言者的意图进行了省略。

3.2 口语手译

● 口译人员的培养

这个发言选自一场口译专题的学术会议,发言人对国内口译人员的培养模式进行了介绍。

短语与句子:

请扫描二维码,提前熟悉语篇中部分短语和句子的手语打法。

整个口译人才培养

通过语言专题还有实践这样几条线来进行口译能力的强化训练和培训

像一个圆锥体,上层是理论

要在理论基础上进行口译训练

口译强调技能

但并不代表我们要忽略理论在整个人才培养过程中的作用

核心还是技能作为一条主线

中国学生的两个语言始终是我们强化的内容

有时我们学生的中文出了问题

中小学的教育有一定的关联[①]

更加不去关注我们的语言[②]

通过专题训练去强化记忆

最终通过口译的实践来去强化口译技能的整合

培养走向职业的、专业口译人员

强化记忆

技能的整合

---

① 最后一个词汇表示"已经完成,成为定局"。
② 译者这里的手语为"我们老师/管理/关注/没有,学习/完晚了/指点(指学生)"。这句话译者联系了上下文,预判发言者的意图。

传译练习：

请扫描二维码，根据音频内容进行传译练习。或两人一组，一人发言，一人练习传译。

📖 **语篇文稿：**

　　整个口译人才培养还是希望能够放在口译能力的提升上，按照技能主线，通过语言专题还有实践这样几条线来进行口译能力的强化训练和培训。就像一个圆锥体，上层还是理论，要在理论基础上进行口译训练。口译虽然强调技能，但并不是代表我们要忽略理论在整个人才培养过程中的作用。核心还是技能作为一条主线，另外是语言。中国学生的两个语言始终是我们强化的内容，无论是外语还是我们的母语。很多时候我们老师觉得好像学生只是外语不行，实际上你会注意到，在做一些翻译的时候会发现，有时我们学生的中文出了问题，这跟我们基础阶段教育甚至是中小学的教育都有一定的关联，再到大学的时候更加不去关注我们的语言。因此，我认为双语依然还要再进行强化。技能主线是通过专题训练去强化记忆的。最终通过口译的实践来强化口译技能的整合，培养走向职业的专业口译人员。

3.1 手语口译

● 手语与汉语的差异

请阅读这部分的参考译文，也可提出自己的不同译法。

今天我通过语音、词汇、语法给大家介绍一下汉语和手语的差异。首先是语音，汉语的音节由三方面组成：声母、韵母、声调。每一个声母都有不同的特点，声母23个，韵母有24个，声调是有4个。汉语基本上是一个字一个音节呈线性的输出。而手语的音节结构是由5部分组成：手形、位置、方向、运动、非手控因素。据研究，目前我国手语手形有96个、位置有31个、朝向有40个，动作46个，非手控有11个。我们研究手语就要看这5要素了。比如说"高兴"，它的手形为双手"5"手形，朝向为掌心向上，位置是胸前，运动是同时上下转动手腕，非手控就是面部携带高兴的表情，如果不高兴就错了，和词汇传递的含义要匹配。这5部分就是一个手语词汇的音节特征。这样看起来很复杂，通过这些我们可以看出来手语的复杂性是高于汉语的。最重要的是，手语的音节具有同时性和序列性的特征。汉语音节只是一个词一个词的线性表达，只有一个维度，而手语是同时多维度的，包含了动作、手形、非手控因素等等。通过音节我们就能看出手语和汉语的差异。

3.2 口语手译

● 口译人员的培养

请扫描二维码，观看这部分的翻译建议。也可提出自己的不同译法。

第七课
形象记忆

1.1 技巧讲解

形象记忆

　　形象记忆是指当译员接收到信息后，在脑子里看到画面，通过视觉化的方式记住信息。形象记忆适用于描述性的语篇，比如讲解人物形象、地理位置、空间布局等，手语具有很强的视觉空间性，当手语发言人构建空间系统表述信息的时候，译员可以依靠形象记忆把信息记在脑中并及时地转换成口语表达出来。当口语发言中也包含了这类信息(比如介绍厂房的布局等)，译员也可以使用形象记忆法，先在脑子里构建成图，根据这个图再进行手语的表述。比如大家熟悉的鲁迅小说《故乡》中一段非常经典的人物形象描写："深蓝的天空中挂着一轮金黄的圆月，下面是海边的沙地，都种着一望无际的碧绿的西瓜，其间有一个十一二岁的少年，项带银圈，手捏一柄钢叉，向一匹猹尽力地刺去，那猹却将身一扭，反从他的胯下逃走了。"记忆这段文字，最简单的方法莫过于在脑海中构建一幅图画，图中包含蓝色的天空、金黄的圆月、沙地、绿西瓜、十一二岁带项圈拿钢叉的少年和一匹猹。

　　形象记忆也可以用来记忆一系列的步骤或者动作。例如，发言人介绍某一个工艺流程、某一器具使用方法的时候，译员可以在脑中形成一个动态的视频画面，帮助自己记住信息。用手语描述这些类型语篇时，视觉画面性是很强的，所以产出手语译文时，要注意构建空间感。

　　手语在描述时通常有先整体后局部的特征。如在描述一间厂房的布局时，会先整体介绍厂房的形状，然后沿着一个顺序从左到右、从上到下进行介绍。在将时间顺序的描述译入手语时，也应该注意利用空间进行明确表达。

　　除了我们介绍的逻辑记忆和形象记忆外，还有一些常用的记忆方法也可帮助记忆。比如联想记忆可用于记忆一连串列举的信息。在平时的训练、学习中，译员可以根据练习材料的不同，采用对自己来说最合适的记忆方法，甚至可以"发明创造"自己的方法。无论用什么方法，记忆的原则和目标都是一样的，即：帮助译员用更少的精力记住原语篇的意思并能够快速输出。

1.2 技巧练习

本单元练习的技能主题为形象记忆，学生可一人一组也可两人一组配合练习。

本练习01-03为口语手译练习，请先观看下列文字，尽量通过形象记忆记住信息并准确复述，然后译入手语。练习时注意保留手语空间性特征的表达方式。最后扫描下方二维码，对比自己的手语译文和视频给出的参考译文。

1) 太阳从地平线上冉冉升起，灯塔矗立着为远方带去光明。

2) 我昨晚写的实践报告，今天上交给领导审阅，领导审阅后称赞我写得好。

3) 有人问我澳门的手语怎么来的？我来详细说明一下，把我们的中国比喻成我们的大圆脸，而澳门正好是在我们下巴右侧的位置。还有，手语带有澳门有名的莲花，慢慢就演变成了澳门的手语打法。

本练习04-06为手语口译练习。请先扫描二维码，观看手语句子，尽量以视觉形象的方式在脑海中进行记忆强化，用手语复述信息，然后进行口译练习。对比自己的译文和以下参考译文。

4) 我的译文：_____

_____

5) 我的译文：_____

_____

6) 我的译文：_____

_____

4) 参考译文：聋人可以通过手语翻译、字幕、隐藏式字幕等方式获取公开信息和公众服务。

5) 参考译文：不要在强光下录制视频，手机不要上下乱动。最好的方法是在录制视频的时候手机保持平正，把自己上半身和手部都放在画面内。这样录制好的视频发给大家观看的时候，才看得舒服。

6) 参考译文：卡布奇诺咖啡在意大利是如何起源的呢？是因为天主教修士的外衣而得来。第二个是拿铁咖啡，那么拿铁咖啡是怎么由来的呢？在意大利语里是牛奶咖啡的意思。第三个是意式浓缩咖啡，这个很简单，表达方式是这样。

二、译前准备

2.1 主题知识准备

本单元练习的主题为讲座，学生在课前应对相关领域的内容进行检索与阅读，合理进行译前准备，在课堂上进行相关信息分享。

1) 学术会议一般是大型的活动，常有多天的日程，由多个专家发言集合而成。而讲座一般为单场、单日。请讨论译员面对学术会议和讲座需要做什么不同的译前准备？

2) 了解和聋人相关的常见讲座，并讨论手语译员是否应和发言人沟通，若沟通需要沟通哪些方面？例如：要准备一场摄影讲座，译员应和发言人沟通，了解其之前是否接触过聋人，对聋人的了解程度，对其讲座的方式和流程有一个大概的了解，对此次来参与讲座的聋人情况有一个初步的摸底，比如聋人的知识水平在哪一个层次，应当使用专业词汇多一点还是白话多一点。

3) 需要手语翻译的讲座往往和聋人自身利益关系密切，但专业方向并不固定，有学术类的如聋人高等融合教育讲座、聋人大学生英语教学讲座、手语文学讲座等；也有生活类讲座，如聋人针灸肿瘤讲座、聋人摄影讲座、聋人书法讲座、聋人滴滴司机安全讲座等。请归类总结和聋人有关的讲座，并对其受众特点和讲座时译员的翻译方式进行分析，例如：聋人针灸肿瘤讲座，一般参与讲座的聋人为社区聋人，年龄一般在40岁以上，他们的手语偏自然，地方手语使用居多，较少使用指拼，译员在翻译时注意手语内容的通俗性。

4) 请自行在网上搜集一些讲座的视频，进行跟打练习并录制下来，和同伴讨论翻译过程中的难点和疑点。可参考网易公开课、中国大学MOOC等平台。

5) 搜集聋人日常约定俗成的一些专业词汇手语打法，例如融合教育、英语、薪水、待遇、逆光、快门、光圈等。

6) 设定情景，请准备一场面向高校聋人大学生的职业招聘讲座，您身为手语译员应如何准备和应对？

2.2 语言准备

请扫描二维码，学习和本课主题相关常用词句的双语表达。因篇幅限制，以下列出的图片仅选取了部分词组，每个词组仅截取了两个动作。完整的词汇表详见附录1：语言准备部分词汇表。

报告文学

先进经验

讲座议程

研究领域

讲座地点

研究相关文献

提问过程

主题

研究和应用

专题讲座

三、篇章传译

3.1 手语口译

● 手语语言学讲座

情景介绍：

这个发言选自一场聋人论坛，发言者对手语语言学主题进行发言。

短语与句子：

请扫描二维码，提前熟悉视频中相关的短语和句子。

聋人手语常见的语序

宾语-主语-谓语，也叫做O-S-V

聋人常用的手语中没有被动语态

而手语中没有"被字句"

空间位置关系

手势动作方向

施事者和受事者之间的关系

"猫盯着老鼠，然后去追"追逐运动方向的变化则表达不同情况下的追逐关系

值得强调①的是，这句话里面空间位置关系不变

尤其是句子中的谓语"追"，运动方向不同，句子意思就会发生质的变化。

如果让一个聋人来表达这句话，我们将会看到他手语中的空间位置特征非常明显

传译练习：

请扫描二维码，根据视频内容进行传译练习。

---

① 视频开头的手语为"重要"，译者可根据实际情况，联系上下文丰富词汇的多样性表达。

3.2 口语手译

● 融合教育讲座

情景介绍：

这个发言选自一个融合教育论坛，发言者针对高校融合试点工作阶段性的成果进行汇报。

短语与句子：

请扫描二维码，提前熟悉语篇中的短语和句子。

经过一年的试点工作

残疾大学生高等融合教育

建立档案，摸清情况

特长爱好以及康复需求等

看到我们试点高校内在接受融合教育残疾学生一个大体的规模

主要负责领导统筹

协调参加学生的融合教育工作

资源中心

课程、教材、教辅

学具、康复器材和辅助技术为一体

安排专业教师在资源中心为听力残疾学生补习高等数学、大学英语、微观经济学[1]等课程

制定个别化教育方案

根据学生个体差异情况，通过课程替代，单独开课，心理辅导等方式制定个别化的培养[2]方案

选修相应学分

传译练习：

请扫描二维码，根据音频内容进行传译练习。或两人一组，一人发言，一人练习传译。

---

[1]　"微观经济学"译者这里的表达为"经济学"。

[2]　该句根据前句的调整，也跟着进行了调整。译者手语为"如课程替代，单独开课，心理辅导等方法制定培养方案。"

经过一年的试点工作，我们发现每所高校都在残疾大学生高等融合教育方面有自己不同的做法，总结出来有以下四个方面。第一，建立档案，摸清情况，包括残疾学生的残疾情况、家庭情况和特长爱好以及他的康复需求等。为残疾学生建立档案，通过这样的摸底可以看到我们试点高校在接受融合教育残疾学生一个大体的规模。第二，成立领导机构。我们的试点高校都成立了融合教育的领导机构，主要是负责领导统筹、协调残疾学生的融合教育工作。第三，成立高等融合教育资源中心，集课程、教材、教辅、专业图书以及学具、康复器材和辅助技术为一体，为残疾学生提供学业、行为上的特殊支持。安排专业教师在资源中心为听力残疾学生补习高等数学、大学英语、微观经济学等课程。第四，制定个别化教育方案。根据学生个体差异情况，通过课程替代、单独开课、心理辅导等方式制定个别化的培养方案，比如允许听力残疾学生选修相应学分的写作课代替口语课，为肢体残疾学生制定个性化的体育课等。

3.1 手语口译

● 手语语言学讲座

请阅读这部分的参考译文，也可提出自己的不同译法。

聋人手语常见的语序是"宾语-主语-谓语"，也叫做"O-S-V"，有时也存在"主语-宾语-谓语"语序，也就是S-O-V。还有一种"主语-谓语-宾语"，即"S-V-O"在手语中使用频率不高，在汉语中更为常见。比如"我去朋友家玩"，聋人常用的手语语序是"朋友/家/我/去/玩"。聋人常用的手语中没有被动语态，就是说汉语常见的"被字句"在手语中是没有的。比如"我被妈妈表扬了"，手语常用语序是"妈妈/表扬/我"，手语中会使用这样文化风格的简单句式而没有"被字句"。手语常常通过空间位置关系与手势动作方向来表明施事者和受事者之间的关系。给大家举个例子，比如"老鼠被猫追着跑"，一手代表"老鼠"在前，而我的肢体代表"猫"，这个就是"猫"和"老鼠"的空间位置关系，"猫盯着老鼠，然后去追"。追逐运动方向的变化则表达不同情况下的追逐关系。此时手语的语序是"宾语-主语-谓语"即"O-S-V"，这体现了聋人的文化特点，是最为常见的手语表达方式。值得强调的是，这句话里面即使空间位置不变，随着"追"运动方向的改变，整句话的意思也会发生改变。尤其是句子中的谓语"追"，运动方向不同，句子意思就会发生质的变化。关于手语对空间的运用，我们可以再举一个例子，"猫盯着老鼠"；如果让一个聋人来表达这句话，我们将会看到他手语中的空间位置特征非常明显。他先通过前后的空间来设立老鼠和猫的空间位置关系，然后自己代替猫，一手代表"老鼠"出现在身体前方，大家注意空间位置关系的变化：老鼠出现了，"猫的"眼神随着老鼠的移动而移动，突然上前扑咬。而这句话中"猫盯着老鼠"它的语序就是这样的，非常的清晰自然，大家明白了吗？

3.2 口语手译

● 融合教育讲座

请扫描二维码，观看这部分的翻译建议。也可提出自己的不同译法。

第八课
记忆与笔记

1.1 技巧讲解

记忆与笔记

人的工作记忆容量是有限度的，而译员在短时间内需要在线处理大量不断涌入的信息，记忆的压力是巨大的。前面有两课介绍了一些主要的记忆训练方法。本课介绍一种重要的记忆辅助手段：笔记。

传译笔记对于英汉等有声语言的交替传译来说，是极为重要的核心技能之一，也是训练的重点。但是在手语翻译圈却很少引起关注。这是因为手语是视觉语言，手语翻译更多采用的是同步传译的模式，所以在手语同传时无论是看手语还是打手语，眼睛和手都腾不出来做笔记。然而，笔记是保障信息准确完整的手段之一，是译员应该了解的一项核心技能。在手语同传中，搭档译员应该协助在线译员做笔记。

人们对于译员的笔记常会有两个认识误区需要澄清。第一，译员的笔记不是速记，不是逐字记录原语发言。第二，笔记只是脑记的辅助和补充，不能替代脑记。我们的记忆容量是有限的，不可能一下子记住大篇幅的信息点，因此，我们才需要借助笔记来辅助记忆。一般来说，笔记要记录的是对于脑记来说难度很大的内容和信息，比如人名、地名、专有名词、数字、列举信息等等。还可以记录关键词和逻辑词，这些词能够快速帮助译员回忆起语篇的内容，串联起语篇逻辑框架。如果遇到一些生僻的复杂词句也可以先想办法做些记录，在翻译的时候再结合上下文进行分析。

在进行笔记训练的时候，要注意省力原则，也就是用最少的笔墨记录，最大可能地帮助自己还原信息。在训练笔记的时候，可以从一些信息密度比较小的简单语篇开始，逐渐过渡到复杂的、较长的语篇。先用脑记，发现哪些信息脑记很难，再用笔来记。

译员不需要学习速记方法。传译笔记是基于理解的，译员可以有一套自己习惯的简写或者缩写的方式。有的时候，一些职业译员的笔记会被认为是"天书"，因为译员为了节约时间，经常会用一些缩写或者只有自己才懂的符号来代替文字记录，比如使用简写、连笔，甚至是只写半个字等。

1.2 技巧练习

本练习01-03为口语手译练习。先观看下列文字进行复述，关注复述时哪些信息容易遗漏，这就是需要做笔记的地方。复述后可进行手语翻译练习。扫描下方二维码，对比自己的手语译文和视频里的参考译文。

1) 武汉是由三个地区组成的，分别是武昌、汉口、汉阳。

2) 致聋的原因有两种，一种来自遗传，父母的遗传基因里有这样的问题，所以导致生下来的第二代也是聋人，这种叫做先天性耳聋；另外一种就是生下来孩子听力正常，后期因发热、打针或碰撞等原因耳聋，我们一般将这种称为后天性耳聋。

3) 当咖啡被当成"货物"贩卖时，一磅可卖三百元；当咖啡被包装成"商品"时，一杯就可以卖一、二十块钱。

本练习04-06为手语口译练习。请先扫描二维码，观看手语句子，尽量记住信息，并用手语进行复述。关注复述时容易遗忘的信息，这就是应该做笔记的地方。然后进行口译练习。对比自己的译文和以下参考译文。

4) 我的译文：_____
_____

5) 我的译文：_____
_____

6) 我的译文：_____
_____

4) 参考译文：我是聋人。我大学是学环境设计专业的，毕业后在电视台实习，做影视剪辑工作，所以三维建模，影视后期，平面设计等工作我都完全能胜任！

5) 参考译文：世界上都没有如此长的海底隧道，我们建造好了，是世界第一！以前日本建桥技术好，现在被我们超越了！

6) 参考译文：有两个人十分的贪财，于是本可以两人互相帮助共同获利，却因为各自的蝇头小利大打出手，结果两败俱伤。最后告诉我们的是，做人不可贪心，朋友之间要互相帮助。

2.1 主题知识准备

本单元练习的主题为领导发言，学生在课前应对相关领域的内容进行检索与阅读，合理进行译前准备，在课堂上进行相关信息分享。

1. 了解我国近几年和残疾人相关的重大政策、条例和热门名词。例如《残疾人保障法》《残疾预防和残疾人康复条例》《国家手语和盲文规范化行动计划（2015—2020年）》、残疾人事业发展统计公报、推动残疾人事业发展等。

2. 搜集最近各种场所的致辞讲话，并将其常用的词句进行总结，讨论手语打法。例如：不远万里、不辞辛苦、宾朋满座、坚持扶残助残、非常荣幸、大力发展、良好的风气等。

3. 搜集聋人领导发言的视频，尝试翻译并录音。和同伴讨论聋人领导发言译员需要做的准备和注意的事项，并就聋人领导发言的译语的语体使用进行讨论。

4. 搜集听人领导发言的文稿或录音，进行跟打练习并录制，最后和同伴进行疑点和难点的讨论。例如，针对一些套词套话应如何处理；针对领导对名言名句的引用应如何处理。

5. 了解搜集近几年国内的热门话题和词句，例如命运共同体、一带一路等。

6. 设定情景，深入学习。假设三月三日某聋协领导参加爱耳日的活动，并要在活动上发表手语讲话，你作为陪同译员，应做哪些准备？

2.2 语言准备

请扫描二维码，学习和本课主题相关常用词句的双语表达。因篇幅限制，以下列出的图片仅选取了部分词组，每个词组仅截取了两个动作。完整的词汇表详见附录1：语言准备部分词汇表。

诚挚的问候

大力支持

工作目标

介绍出席

良好政风

领导核心

通知参会人员

有待提高

致辞

衷心感谢

三、篇章传译

3.1 手语口译

● 手语研讨会闭幕致辞

情景介绍：

这个发言来自一场手语研究讨论会，发言人作为领导致辞。请注意口译领导讲话时语体的变化。

短语与句子：

请扫描二维码，提前熟悉视频中相关的短语和句子。

国家通用手语研究培训

手语发展的好坏和聋人息息相关

手语研究不能只停留在表面

影响到聋人和手语的发展

有别于听人使用的口语

就靠我们的双手来表达我们的想法

仅仅凭感觉来打是不行的[①]

深入地研究和对比

在过程中发现问题也要及时地修正

我们最后出来的视觉效果

传译练习：

请扫描二维码，根据视频内容进行传译练习。

3.2 口语手译

● 特教协会开幕式讲话

情景介绍：

这个发言选自特教协会活动开幕式上的致辞，发言人对本校特殊教育的进展向大家进行了介绍。

短语与句子：

请扫描二维码，提前熟悉语篇中部分短语和句子的手语打法。

我国特殊教育事业进入了又一个春天

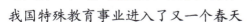

[①] 视频中的手语为："我们/觉得/手语/差不多/完了/不行"，这句话中的译文是联系上下文以及领导意图进行的语体上的修饰。

在特殊教育第二期发展项目中

国家财政支持5600万元

我校建设了近3000平方米的特教教学实训楼

大大改善了我校特殊教育办学条件

27个不同地区

促进了我校聋人教育和手语翻译专业的发展

2019年上半年

先后来到学校义务支教

他们的到来给我们带来了全新的教学理念和方法

英国某大学主动提出与我们进行

我校21名师生在外方学校的资助下前往国外留学半年

最近在和留学归来的学生交流

他们的聪明勤奋受到外方学校的高度认可

对我们学校的培养能力给予了充分的肯定

传译练习：

请扫描二维码，根据音频内容进行传译练习。或两人一组，一人发言，一人练习传译。

📖 语篇文稿：

　　党的十九大以来，我国特殊教育事业进入了又一个春天，特殊教育发展迅速。在特殊教育第二期发展项目中，我校拿到了国家财政支持5600万元、地方政府配套2100万元的建设资金。同时，学校建设了近3000平方米的特教教学实训楼，大大改善了我校特殊教育办学条件。2018年，我校举办了第五届全国特教交流大会，来自27个不同地区的聋人学者和手语专家参加了会议。此次会议是一场意义非凡、学术水平高超的学术研讨会，促进了我校聋人教育和手语翻译专业的发展。2019年上半年，美国高校的聋人教授、德国高校的聋人博士先后来到学校义务支教。他们的到来，给我们带来了全新的教学理念和方法，促进了聋人教育质量的提高。2020年，英国某大学主动提出与我们进行"中英聋人英语教学与网络资源开发"项目的合作，项目时长为三年。2020年，我校21名师生在外方学校的资助下，前往国外留学半年。最近在和留学归来的学生交流过程中发现，学生学习状态良好，学业成绩进步喜人。他们的聪明勤奋受到外方学校的高度认可，外方学校也对我们学校的培养能力给予了充分的肯定。

3.1 手语口译

● 手语研讨会闭幕致辞

请阅读这部分的参考译文，也可提出自己的不同译法。

这次举办的国家通用手语研究培训为期5天，大家都很辛苦，一直在语法、词汇方面进行深入的讨论与修改。大家敬业的精神着实让人钦佩，我很感动。这次会议讨论的主体——手语，是我们聋人自己的语言，手语发展的好坏和聋人息息相关。手语研究不能只停留在表面，这些都会影响到聋人和手语的发展，大家在这方面一定要高度重视。手语是聋人自己的语言，有别于听人使用的口语，我们聋人听不到、说不出，就要靠我们的双手来表达我们的想法。我们仅仅凭感觉来打是不行的，要深入地对比和研究，在过程中发现问题也要及时地修正，就像我们最后编出来的书不行，那手语在大众的眼中也就跟着不好。如果我们做得好，那大家都会觉得手语好，也都会来学习和使用。所以，我们一定要注意。还有一点就是我们最后出来的视觉效果一定要美观大方。之前我们去美国访问的时候看到了他们的研究成果，内容咱也不懂，就不说了，但是手语清晰、动作大方。一目了然给我们的印象很深，这对手语的传播具有很好的促进作用。

3.2 口语手译

● 特教协会开幕式讲话

请扫描二维码，观看这部分的翻译建议。也可提出自己的不同译法。

第九课
手语口译的发声

1.1 技巧讲解

手语口译的发声

在手语传译的语境中，口译一般指从手语到口语这一翻译方向，译员此时充当的是聋人发言人的声音。优秀的译员也应该是出色的演讲者，发音虽然不一定能像播音员那样标准，但不能有明显的口音，吐字要清楚，避免影响听众对信息的接收。

译员不仅需要将发言人要表达的内容传达出来。还需要运用发声技巧将原语表达的情绪和态度也尽量忠实地表现出来。因此手语译员也需要了解基本的演讲和发声技巧，并训练自己的声音。

声音的运用技巧主要体现在音质、音量、语速、语调和麦克风礼仪等方面。音质是一个人声音的质感，虽然是天生的，但可以通过训练改善声音的效果。比如有的女生天生声音比较尖细，可以多运用发声技巧将自己的声音沉下来，练习用丹田发声，让自己的声音听上去更饱满厚实。如果平时说话声音很低沉的人，也可以适当运用气息将自己的声音往上扬一些，方便观众听清楚。口译时音量的大小取决于场合的需求，如果是个坐满几百人的大会场，即使有麦克风，译员也要想着让坐在最后一排的观众能听到自己的声音。如果是一个2-3人的小场合沟通，译员可调整音量，有时甚至需要采用耳语传译的方式，避免干扰其他人。译员在口译产出的时候因为一边需要看着手语一边说，语速不容易控制，可能忽快忽慢，这是一个很不好的习惯。虽然译员不能控制发言者的语速，但是可以调节控制自己的语速，原则上口译产出的语速应该保持均匀稳定，要避免一会儿如机关枪扫射，一会儿又如树懒般慢吞吞。这样的语速会让观众很不舒服，也容易对译员产生不信任感。如果遇到发言人语速飞快，译员应尽量抓住重点，翻译主旨信息，适当下调语速，毕竟传递信息才是翻译的重点。如果发言人语速较慢，且内容比较简单，译员可以利用重复、同义词句替换等手段来充实译文，而不让译文产出出现大块的空白。

译员的语调应该尽量忠实原语发言者的情绪。如果是戏剧传译场合，译员的语调也应体现戏剧性，可以有一定的夸张。但是如果在会议现场，译员的语调应相对克制，尽量保持平稳和自然。如果发言人非常兴奋或者异常愤怒，译员虽然需要传递这样的情绪，但是不必完全像发言人一样兴奋或者激动，可以将情绪适当放平缓一点，毕竟译员不是主角。

译入口语的时候，译员经常会使用麦克风或者"小蜜蜂"，因此译员需要掌握麦克风礼仪。在译前准备时应该试用麦克风，掌握和适应麦克风传递出来的音量，注意保持麦克风离嘴巴的合适距离，避免发出刺耳的爆破音。如果现场是立式麦克风，也要提前确认有人能协助或者自己知道如何调节高度，不要到了现场手忙脚乱。在翻译产出时如果突然想咳嗽、打喷嚏时，应该尽可能关闭或者远离麦克风，不要把不相关的声音扩大传播出去。

1.2 技巧练习

练习一：请3–5人一组，每人准备一个1–2分钟的发言，题目自拟。注意运用本课介绍的发声技巧。每位同学发言后，其他同学进行点评，评价发言的优点和缺点。

点评：_____

_____

_____

_____

_____

练习二：本练习为手语口译练习。请观看手语句子视频，并逐句进行同步传译。对比自己的译文和以下参考译文。

1) 我的译文：_____

2) 我的译文：_____

3) 我的译文：_____

4) 我的译文：_____

5) 我的译文：_____

6) 我的译文：_____

1) 参考译文：大家中午好！值此新春佳节来临之际，我们在此隆重举办2019年迎新春职工篮球比赛。

2) 参考译文：手语也会随着时间的更迭出现新的词汇，比如说国家刚刚修建了港珠澳大桥，如果我们使用手语，香港、珠海、澳门、大桥，一个一个词打出来会比较费时，我建议手语这样表示，大家意下如何？

3) 参考译文：2019年世界园艺博览会于4月29日至10月7日在北京举行。听到这个消息我十分的高兴，特意约了朋友买了票，等到时候去参观。

4) 参考译文：欢迎来自新加坡国际有限公司的各位谈判代表来到郑州进行业务洽谈。我是公司的总经理，此次洽谈由我负责。

5) 参考译文：宣传贯彻《中华人民共和国残疾人保障法》，维护残疾人在政治、经济、文化、社会等方面平等的公民权利。

6) 参考译文：《"十三五"旅游业发展规划》中充分考虑了残疾人参与旅游休闲的特点和需求，提出"完善景区无障碍旅游设施"，比如电梯和轮椅专用的电梯等。

二、译前准备

2.1 主题知识准备

本单元练习的主题为课堂教学，学生在课前应对相关领域的内容进行检索与阅读，合理进行译前准备，在课堂上进行相关信息分享。

1) 课堂翻译目前在国内一般出现在高校，是为了满足招收聋人大学生的高校进行专业教学。课程内容按专业方向划分，一般为连续性的周期较长的翻译。请大家总结课堂翻译的特征特点，并根据某一专业来总结特点。例如视觉传达专业的课堂分为通识课和专业课，专业课又分为理论课和实操课。通识课以思修课为例，政治词汇较多，授课时间一般在90分钟左右，持续性讲课；而专业实操课以PS基础为例，一般一次上课时间为四节课，属于半讲课半实操练习的课程。通识课的内容密集程度高，实操课相对内容没有那么密集。通识课师生互动没有实操课互动程度高。

2) 整理目前高校聋人专业，进行汇总。以小组为单位，选择一个聋人专业进行上课模式探讨，手语译员在翻译课程之前应作哪些准备，如何和教师沟通。

3) 以小组为单位，选择一个聋人专业方向整理和搜集相关的专业词汇，并探讨其手语打法。例如：动漫专业中"CG动画""脚本""分镜头""遮罩层""帧""关键帧"等。

4) 设定情景，深入学习专题知识。假设你本学期将作为思修课程的课堂手语翻译员，学期开始前应做哪些准备？具体什么内容？

5) 在"中国大学MOOC"上选择一段网络课程进行翻译练习，并和同伴对翻译过程中出现的难点和疑点进行讨论。例如翻译过程中的专业词汇应该如何解决？翻译过程中遇到不确定的信息是否可以打断教师？

2.2 语言准备

请扫描二维码，学习和本课主题相关常用词句的双语表达。因篇幅限制，以下列出的图片仅选取了部分词组，每个词组仅截取了两个动作。完整的词汇表详见附录1：语言准备部分词汇表。

吃透教材

减轻学习疲劳

分析和举例

课后作业

巩固知识

扩展学习范围

激发学习兴趣

逻辑思维能力

教学思路

总结归纳

三、篇章传译

3.1 手语口译

● 手语类标记

情景介绍：

这篇发言选自中国大学MOOC-跟着聋人学手语课程类标记的章节，发言人对手语类标记的内容进行教学。

短语与句子：

请扫描二维码，提前熟悉视频中相关的短语和句子。

手语类标记

一是类标记体态，二是类标记手形

借用手语者自身的姿态动作来特指已提到过或已知的人或事物

中国聋人手语中使用最广泛、最常见的语素

实体类标记

操持类标记

形状类标记

借用模仿事物大小的手形指代某物

身体部位类标记

借用手形放在身体某个部位来指代某物

传译练习：

请扫描二维码，根据视频内容进行传译练习。

3.2 口语手译

● 镜头的运用

情景介绍：

这篇发言选自一所大学的特殊教育学院内聋人大学生摄影课程的一节课，课程内容是——镜头的运用。

短语与句子：

请扫描二维码，提前熟悉语篇中部分短语和句子的手语打法。

我们来重点讲解一下相机镜头的运用

广角镜头也叫做短焦距镜头

顾名思义焦距比较短，镜头的视角比较大

焦距一般在18毫米到35毫米之间

这种镜头呈现的特点主要视角大视野广

我们凡是看到大风景、大场面比较丰富的画面

效果比较吸引人的大气磅礴的照片都是用广角镜头

景物透视关系明显

近大远小的意思是指离镜头比较近的物体比较大，离镜头比较远的物体比较小

这张照片是一个俯拍的场景图

市郊的工业孵化园新区

这张照片给我们的感觉非常热烈

把咱们这个工业新区朝气蓬勃、欣欣向荣、红红火火的这种感觉都给拍出来

会感受到这种冲击力，会忍不住心潮澎湃

我们人民的幸福生活这一梦想马上就要实现了

传译练习：

请扫描二维码，根据音频内容进行传译练习。或两人一组，一人发言，一人练习传译。

📖 语篇文稿：

  同学们，今天的课我们来重点讲解一下相机镜头的运用。首先我们来学习广角镜头。广角镜头也叫做短焦距镜头，顾名思义焦距比较短，镜头的视角比较大。它的视角大于60度，焦距一般在18毫米到35毫米之间。这种镜头呈现的特点主要是视角大视野广，适合拍摄大场面。我们凡是看到大风景、大场面

比较丰富的画面，效果比较吸引人的大气磅礴的照片都是用的广角镜头。第二点，景物透视关系明显，就是近大远小。近大远小的意思是指离镜头比较近的物体比较大，离镜头比较远的物体比较小。我们看一下例图。这张照片充分表现出广角镜头视角大视野广和近大远小的特点。这张照片是一个俯拍的场景图，大家能看出来这是拍的哪个地方吗？这是位于市郊的工业孵化园新区。这张照片给我们的感觉非常热烈，把咱们这个工业新区朝气蓬勃、欣欣向荣、红红火火的这种感觉都给拍了出来，展现在我们的面前。我们看到这个照片的时候，会感受到这种冲击力，会忍不住心潮澎湃，仿佛我们的中国梦、我们人民的幸福生活这一梦想马上就要实现了。

3.1 手语口译

● 手语类标记

请阅读这部分的参考译文，也可提出自己的不同译法。

今天我们学习手语类标记。手语类标记可分为两大类：一是类标记体态，二是类标记手形。类标记体态是借用手语者自身的姿态动作来特指已提到过或已知的人或事物。例如：狐假虎威、龟兔赛跑。类标记手形是借用单手或双手的手形来特指已提到过或已知的人或事物，如：人、船、鱼。类标记手形是中国聋人手语中使用最广泛、最常见的语素。在实际运用中，类标记手形有四种类型，下面我分别一一介绍：1. 实体类标记是借用手的形状指代某人或某物，例如：Y手形，指代人。CH手形，指代汽车，例如行驶中的汽车。2. 操持类标记是借用用手操作东西的手形指代某事，例如："五指抓"手形，指代门柄、开门、拉门、提东西、提包等。3. 形状类标记是借用模仿事物大小的手形指代某物，例如：单手C手形平放，指代杯子。食指、中指、小指收起来，指代钱。放在衣领处向下移动，指代扣子；若是双手"C"手形，可以指代碗、盆、吃面用的大碗，还可以表达不同的球类，如足球、篮球等。4. 身体部位类标记是借用手形放在身体某个部位来指代某物，例如：尖嘴手形放在嘴巴，指代鸡、鸟等。圆形手形放在眼睛上，指代眼镜、潜水镜、望远镜等。OK手形放在脸颊两侧，指代猫。

3.2 口语手译

● 镜头的运用

请扫描二维码，观看这部分的翻译建议。也可提出自己的不同译法。

第十课
口语手译的"发声"与仪态

一、传译技巧

1.1 技巧讲解

口语手译的"发声"与仪态

口语译入手语的时候，译员的产出是视觉的，并不发声，但是其实前课介绍的发声技巧也同样适用于手语产出。口语要吐字清晰，手语产出也要求手型、位置和运动都清晰准确到位，不能模糊。手语也有"音量"的概念。在人少的场合手势动作幅度可以小一些，身边的人看清即可。但是人群较大的时候，译员的手势就要加大幅度，让在后排的人也能看清楚。手语产出也有语速、语调的问题。手语产出要保持连贯流畅、不断、不卡，才能让聋人受众更好地接收信息。另外，手语产出时虽然用不到麦克风，但是译员对自己的站位要做好安排，确保自己的手语能被观众清楚地看到。关于译员如何在职业场合合理站位，下一课将详细阐述。

译入手语时译员整个人都是呈现在观众面前的，除了要注意手语产出的"发声"技巧，译员还应该关注自己的仪表着装、身体姿态和面部表情等。

优雅的仪态可以让译员显得更加专业，提高观众对译员的信任感。仪表着装在第五课的技巧讲解中已经提及，此处不再赘述。在会议翻译时，译员的身体姿态以站姿、坐姿为主。呈现站姿时，两脚应自然平立，一般来说男士站立可以双脚分开与肩同宽，女士则可双脚并拢或者丁字步站立。需要注意的是，站姿的重点在于站得稳、站得直，不要驼背、高低肩，也不宜左右摇晃、屈膝或者不停改换姿势。如果呈现坐姿，译员也应该挺胸抬头，注意避免陷进椅子里或者跷二郎腿。有时译员也需要边走边译，在走路的时候，译员要挺胸抬头，走姿自然，不弯腰驼背。走路的速度应该迁就服务对象，不要走得太快或太慢。有时译员需要面向服务对象，一边翻译一边侧身行走，所以要注意行走安全。

面部表情是手语表达的非手动构成。除了手语语法需要的表情外，译员需要注意避免摇头、吐舌头、咬嘴唇等暴露自己情绪的表情，避免拨头发、摸脸部、整理服饰、抠指甲等行为，还应该避免上半身有分散观众注意力的挂饰，比如项链、手链、戒指、耳环等。同时，译员也要注意和观众保持眼神的交流，不要眼看天花板或者看着地面。在和观众保持眼神交流时如果察觉到观众眼神中透露出迷茫和不解，译员要及时灵活地调整自己的译文产出。

1.2 技巧练习

练习一：请3-5人一组，每人准备一个1-2分钟的手语发言，题目自拟。注意运用本课介绍的手语发声技巧与自己的仪态。每位同学发言后，其他同学进行点评，评价发言的优点和缺点。

_____

_____

_____

_____

_____

练习二：本练习为口语手译练习，一人朗读句子，一人译入手语。请互评对方的手语表达的优点和缺点。对比自己的手语译文和视频中参考译文的不同。

1) 我想换100元零钱，一张50元，3张10元，4张5元的。

2) 她像鱼一样自由自在地游来游去，我看了非常的惊讶，她可以游得如此灵活。她可以游800米，我不行，50米游个来回就不行了。

3) 我们希望从原则的角度出发来解决问题，而不是出于个人的利益和权力。

4) 全年国内旅游人数55.39亿人次，增长10.8%，入境旅游人数14120万人次，增长1.2%，出境旅游人数14972万人次，增长14.7%。

5) 1926年的时候，有一个美籍英国人在上海中山公园附近投资开办了一所名叫"富哑"的学校，手语名字是这样的。为什么是这样打呢？老聋人给我解释说，因为当时表示一个人富有、富态的样子时会用到这个手势，于是便以此代表"富哑"学校。

6) 自上世纪八十年代以来，美国、英国、加拿大、瑞典、挪威、丹麦、日本等发达国家陆续将手语作为一种独立的语言，有的国家还成立了国家级手语翻译机构。

2.1 主题知识准备

本单元练习的主题为发布会，学生在课前应对相关领域的内容进行检索与阅读，合理进行译前准备，在课堂上进行相关信息分享。

1) 发布会题材涉及专业面较广，需要在日常生活中不断地收集相关信息，多多涉猎，寻找发布会相关的视频。请大家根据视频环境来分析在发布会环境下手语翻译存在哪些困难，并探讨出最佳的手语翻译方案。例如在一场产品发布会上，聋人群体并不是主流的邀请嘉宾，而是一个小众群体在会场，会场整体昏暗，那译员应该如何翻译？对于光线的问题如何和主办方沟通？

2) 对发布会功能性介绍方面的视频内容进行汇总并讨论在翻译过程中应如何应对。例如：某品牌针对聋人的无障碍体验召集残障人士进行需求咨询的会议，在其中会涉及很多关于产品的专业内容，例如老年模式、可视来电提醒、超级快充、芯片、可穿戴设备、5G等。

3) 搜集整理近几年针对高端产品发布内容的词汇，搜集、谈论高端科技的视频，总结近几年流行热门的专业词汇和专业手语。例如：鸿蒙系统、安卓、无线、美颜、像素等。

4) 搜集近几年产品发布会的视频，进行跟打练习，并录制下来和同伴讨论在翻译过程中遇到的难点和疑点。例如：关于云数据服务的会议上，对"云""数据""JAVA""后台""前端"等专业词汇的注解和解释。

5) 设定情景，深入学习专题知识。假设你受邀为某品牌提供发布会的手语传译工作，你在工作前应做哪些准备？具体什么内容？

2.2 语言准备

请扫描二维码，学习和本课主题相关常用词句的双语表达。因篇幅限制，以下列出的图片仅选取了部分词组，每个词组仅截取了两个动作。完整的词汇表详见附录1：语言准备部分词汇表。

厂家地址

出口信贷

厂家直销价

对外交流

厂家供货

贸易顺差

优惠关税

批发商

贸易逆差

自由贸易区

三、篇章传译

3.1 手语口译

● 电影节投稿

情景介绍：

这篇发言来自某聋人电影节征稿须知，内容是面向社会进行电影节征稿。

短语与句子：

请扫描二维码，提前熟悉视频中相关的短语和句子。

首届聋人为主体的电影艺术展

同时也庆祝国际聋人节与国际手语节

为中国和世界各地的聋人和重听人群体

同广大的听人一起分享和庆祝他们的创作作品

联合了教育和媒体伙伴一起开办培训和指导

此次电影展接受投稿的影片为原创且分为两组

新人组（首次担任拍摄导演的影片）

非新人组（多年拍摄经验导演的影片）

也欢迎提交讲述聋人题材故事的影像作品

剧情片、纪录片、艺术片

时长不限

传译练习：

请扫描二维码，根据视频内容进行传译练习。

3.2 口语手译

● 新品发布会

情景介绍：

这个发言选自国内一个通讯企业的新品发布会，发言人在新品发布会开始阶段对公司一年工作进行总结和展望。

短语与句子：

请扫描二维码，提前熟悉语篇中部分短语和句子的手语打法。

我司致力于高端品牌形象

低于百分之二

但现在已经成为全球领先厂商

根据行业前100名品牌排行榜的排名，我司已经进入前一百

排名也在逐年上升

平板、电脑以及可穿戴设备①

非手机发货量

网络发货量呈现了强劲的增长

大量地投入研发

每年手机研发的经费

世界最先进的摄影技术

超强的续航能力和超级快充

经过40年的发展

通讯技术领域公认的领头羊

自主研发

传译练习：

请扫描二维码，根据音频内容进行传译练习。或两人一组，一人发言，一人练习传译。

📖 语篇文稿：

　　我司致力于高端品牌形象。但在七年前，中国很多人都不知道HT品牌，国民对于我们品牌的认知度低于百分之二。但今天，不管是在国内还是国外，HT已经成为了全球领先的手机厂商，在世界知名手机品牌排行榜上，我们已进入前一百强，而且我们排名也在逐年提升。

　　我们公司不仅仅生产智能手机，我们的产品还包括通讯器材以及电脑、平板以及穿戴式设备等智能设备。我们非手机类的发货量在全球已经超过了一亿台，疫情期间我们在网络上的销售也呈现了强劲的增长。

---

① 译者原话顺序为：电脑、平板。

每年我们都会投入大量的人力物力用于研发。我们每年手机研发的经费就达到了50亿美金。我们的产品有着世界最先进的摄影技术，比如我们H20系列就在今年的国际智能手机摄影大赛中一举夺魁。我们的手机还有超强的续航能力和超级快充等优势，得到国内外不同年龄段消费者的青睐。

　　我们公司也是一家通讯企业，经过40年的发展，我司已成长为世界通讯技术领域公认的领头羊。我们自主研发的通讯技术引领着整个行业的发展。未来五年，我们希望继续利用自主研发的技术，帮助中国在通讯领域取得更多优势，开辟全新赛道让中国领跑世界。

3.1 手语口译

● 电影节投稿

请阅读这部分的参考译文，也可提出自己的不同译法。

嗨，大家好，现在很高兴告诉大家一个好消息，首届以聋人为主体的电影艺术展在中国上海诞生啦。上海国际聋人电影艺术展将于今年在上海举行，同时也将庆祝国际聋人节与国际手语节。上海国际聋人电影艺术展将为中国和世界各地的聋人和重听人群体提供一个独特的电影人平台，同广大听人一起分享和庆祝他们的创作作品。更重要的是，这次影展还联合了教育和媒体伙伴一起开办培训和指导，为聋人和重听电影人才发展提供一个宝贵机会。这次电影节的主题是：用电影与艺术的力量促进社会融合。此次电影展接受投稿的影片为原创。投稿产品分为两组，新人组（首次担任拍摄导演的影片）和非新人组（有多年拍摄经验导演的影片）。我们热烈欢迎所有聋人电影人提交作品，也欢迎提交讲述聋人题材故事的影像作品。接受参展的影片类型可为剧情片、纪录片、艺术片等，时长不限。参展电影作品请在8月15日前提交到大会邮箱。

3.2 口语手译

● 新品发布会

请扫描二维码，观看这部分的翻译建议。也可提出自己的不同译法。

第十一课
译员的站位

1.1 技巧讲解

译员的站位

　　做有声语言间的同步传译时，译员是坐在一个密闭的同传"箱子"里工作的。与此不同，手语传译员必须是可见的。在手语口译的活动中，传译人员一般坐在讲台下方的观众席里，在最近的位置上观看手语发言人的手语，一边同步对着麦克风说出译文。

（图1-2）手语译员口译时位于距离发言者最近的位置对面或者旁边

　　在口语手译的现场，在手语译员没有上屏的情况下译员应面向观众。聋人若聚集在一起就坐，译员站在聋人就坐一侧的前方与屏幕视线一致；若聋人分散就坐，译员可根据现场情况站在发言人一侧与屏幕视线一致。

（图3-4）手语译员站在和发言者一致的位置
或者和发言PPT显示屏一致的位置

　　在有手语翻译上屏的情况下，手语译员可视现场情况来确定是否站在台上面向观众，并提前在台下设置手语翻译录制台。录制台背景应该为深色且是纯色。若没有提前在场下设置手语翻译录制台，译员可在台上一侧与发言者保持一定距离进行传译，通过设备直接现场投屏到大屏幕。

(图5)手语译员在讲台一侧翻译上屏 　(图6)手语译员在讲台上翻译上屏

　　在多种手语互相配合的活动中，情况复杂许多。若场下设置了翻译录制台，译员可以站在录制台的位置直接获取台上信息进行手语传译。若没有预留录制台，一名手语译员应站在台上面向观众，台下还应该有另一位镜面译员，充当镜子的作用，将台上的手语信息复制打出来让站在台上的搭档译员看到。镜面译员一般站在或者坐在台上搭档译员的正前方位置。在人员不够、没有镜面译员的情况下，可以用现场同步投射的显示屏替代。

1.2 技巧练习

　　练习一：请找出下图中的所有译员，并分析他们的站位是否合理。

(图7)中文-英文-中国手语-美国手语，四种语言同时存在的翻译现场

　　练习二：本练习为手语口译练习，请同学边看手语视频边进行同步口译练习。邀请同伴评价自己的口译产出。对比自己的译文和参考译文。

　　1）我的译文：＿＿＿＿＿＿＿＿＿＿＿＿＿＿＿＿＿＿＿＿＿＿

＿＿＿＿＿＿＿＿＿＿＿＿＿＿＿＿＿＿＿＿＿＿＿＿＿＿＿＿＿＿

2) 我的译文：_____

_____

3) 我的译文：_____

_____

4) 我的译文：_____

_____

5) 我的译文：_____

_____

6) 我的译文：_____

_____

1) 参考译文：我衷心希望参赛的同志们发扬"团结、拼搏、努力、向上"的奋进精神，赛出风采、赛出水平、赛出友谊！

2) 参考译文：我在香港，听说港珠澳大桥开通后，一直非常期待！于是通过港珠澳大桥去珠海，大桥十分的壮观，但是我要注意好方向，不然容易走错！

3) 参考译文：今年暑假我和爸爸一起去看望奶奶。奶奶住在农村，坐高铁下车后还得换乘大巴，坐两三个小时才到。

4) 参考译文：6月6日，工信部正式向中国电信、中国移动、中国联通、中国广电发放5G商用牌照，我国正式进入5G商用元年。

5) 参考译文：手语采集工作真的很不容易，他们需要跑到各个地方深入聋人群体，征询和采纳当地聋人的意见，希望大家能够对手语采集工作多多支持。

6) 参考译文：前两天NASA发布了黑洞照片，那个是人类有史以来第一张黑洞照片，那个可不是用普通相机拍的，是用一个"事件视界望远镜"拍到的。

二、译前准备

2.1 主题知识准备

本单元练习的主题为新闻题材，学生在课前应对相关领域的内容进行检索与阅读，充分做好译前准备，并在课堂上分享相关信息。

1) 新闻题材涉及面较广，播报语速快，信息密度高，在翻译中难度极大。译员需要在日常生活中不断收集相关信息，与时俱进。请大家讨论新闻翻译的特点与难点，以及在翻译之前需要做哪些准备。

2) 了解新闻的分类，并总结翻译新闻内容时语言的特点。新闻包括体育新闻、娱乐新闻、民生新闻、时政新闻等。比如体育新闻的特点之一是固定名称和数字居多，如体育赛事组织的名称、比赛项目、竞赛名词、竞赛记录等，其难度集中在赛事名称、组织名称、数字、参赛队员姓名(国外运动员姓名)方面。

3) 请搜集新闻视频，分类分小组进行跟打练习并全程录制，然后针对翻译过程中的疑点和难点进行讨论，例如：在《新闻联播》跟打练习中出现不会的手语应该如何解决？新闻语速过快应该如何解决？

4) 搜集聋人自媒体主播或新闻手语视频，并进行口译练习。练习时语体应尽量贴近新闻的发言方式，练习后和同伴讨论新闻口译的难点和疑点，如对于录播类的新闻和直播时的新闻译员应有什么不同的准备，在面对重大新闻直播的聋人采访时，译员提前准备稿件在直播时照稿子念，其行为是否正确？

5) 搜集聋人对时兴话题及热点新闻讨论的手语视频，如中美贸易战中稀土等战略资源的作用、新冠肺炎病毒传染时期留学生回国等话题。然后将视频中出现的专业词汇进行整理。

6) 设定情景，深入学习专题知识。假设你即将为某电视台时政类新闻进行手语翻译的录播工作，身为译员的你应做哪些具体的准备工作？

2.2 语言准备

请扫描二维码，学习和本课主题相关常用词句的双语表达。因篇幅限制，以下列出的图片仅选取了部分词组，每个词组仅截取了两个动作。完整的词汇表详见附录1：语言准备部分词汇表。

阖家安康

栏目风格设计

气象灾害

社会公益事业

网约车

消防营救

垃圾处理

新闻发布会

幕后工作人员

引导舆论

100

三、篇章传译

3.1 手语口译

● 稀土

情景介绍：

这篇发言选自一个聋人自媒体平台的一篇新闻报道，主题为"中美贸易战之稀土"。

短语与句子：

请扫描二维码，提前熟悉视频中相关的短语和句子。

稀土，手语是这样表达的

中国的稀土具有重要的战略地位

中国的对外贸易

美国也想通过稀土贸易对中国进行遏制

稀土是一种不可再生的国家重要战略资源

里面含有多种不可再生的稀有矿物质资源

冶金工业、航天制造、军工产业

我们锻造出来的钢

在加入稀土之后会变得坚硬无比

硬度是普通钢铁的好几倍

稀土又是钢铁冶炼的重中之重

中国稀土的产量居世界第一位

稀土的储量也列世界第一位

国际上中东的石油产业对稀土具有极大的依赖

同具有稀土需求的国家进行贸易往来

中国最大的稀土金属产地在北方的内蒙古

传译练习：

请扫描二维码，根据视频内容进行传译练习。

3.2 口语手译

● 新闻（节选）

情景介绍：

这篇发言节选自央视新闻联播，主题是：党旗所指 团旗所向 引领青年建功新时代。

短语与句子：

请扫描二维码，提前熟悉语篇中部分短语和句子的手语打法。

团中央新一届领导班子成员

新时代青年工作要毫不动摇坚持党的领导

始终贯彻为实现中国梦而奋斗的主题

敢于有梦、勇于追梦、勤于圆梦

要坚定理想信念，练就过硬本领

努力成为担当民族复兴大任的时代新人

希望共青团肩负起团结凝聚全国各族青年为实现党的十九大

提出的目标任务而奋斗的责任

这让广大团干部备受鼓舞

备感温暖、备受鼓舞，也倍增信心

共青团所取得的成绩根本在于两方面

不断巩固和扩大党执政的青年群众基础

围绕中心，服务大局

有理想、有本领、有担当，成为圆梦新一代

传译练习：

请扫描二维码，根据音频内容进行传译练习。或两人一组，一人发言，一人练习传译。

📖 **语篇文稿：**

昨天，习近平总书记在同团中央新一届领导班子成员集体谈话时强调："新时代的青年工作要毫不动摇坚持党的领导，坚定不移走中国特色社会主义群团发展道路，紧紧围绕、始终贯穿为实现中国梦而奋斗的主题，让广大青年敢于有梦、勇于追梦、勤于圆梦。"总书记对新时代青年工作提出的要求，在广大青年和团员干部中引起了强烈反响。大家纷纷表示，要坚定理想信念、练就过硬本领、努力成为担当民族复兴大任的时代新人。

习近平总书记对过去五年共青团做了大量工作、推动团的精神风貌呈现新气象给予了充分肯定，希望共青团肩负起团结凝聚全国各族青年，为实现党的十九大提出的目标任务而奋斗的责任。这让广大团干部备受鼓舞。"作为一名团干部，我们备感温暖，备受鼓舞，也倍增信心。党的十八大以来，共青团所取得的成绩根本在于两个方面，第一是在于总书记的亲自谋划、亲身指导和亲切关怀，为青年工作指方向、把脉搏、提要求。第二是我们在工作当中坚持和遵循了习近平新时代中国特色社会主义思想的统领、指导。""我们要不断巩固和扩大党执政的青年群众基础，围绕中心，服务大局，让广大青年做到有理想、有本领、有担当，成为圆梦新一代。"

四、参考译文

3.1 手语口译

- **稀土**

请阅读这部分的参考译文，也可提出自己的不同译法。

大家好，今天给大家介绍稀土，手语是这样表达的。中国的稀土具有重要的战略地位。中国的对外贸易中稀土的贸易不可忽视。中国需求量很大，美国也想通过稀土贸易对中国进行遏制。那中国聋人就会很好奇：稀土到底是什么？为什么对中国这么重要？我接下来就为大家介绍介绍。稀土是一种不可再生的国家重要战略资源，里面含有多种不可再生的稀有矿物质资源，在化学里面将其分为轻金属和重金属。对冶金工业、航天制造、军工产业影响巨大，例如我们锻造出来的钢，在加入稀土之后会变得坚硬无比，硬度是普通钢铁的好几倍。我们的电话、汽车等多个领域都和钢铁有关，而稀土又是钢铁冶炼的重中之重，是世界科技竞争中最重要的战略资源。中国稀土的产量居世界第一位，稀土的储量也列世界第一位，而在国际上中东的石油产业对稀土具有极大的依赖。中国的稀土储量庞大，同具有稀土需求的国家进行贸易往来，美国也是其中之一。中国最大的稀土金属产地在北方的内蒙古，存储量大，质量极佳。世界上百分之八十的稀土贸易来自中国，美国对稀土又具有重大的依赖，在贸易战中稀土就具有极为重要的战略地位了。

3.2 口语手译

- **新闻（节选）**

请扫描二维码，观看这部分的翻译建议。也可提出自己的不同译法。

第十二课
译语产出的流畅性

1.1 技巧讲解

译语产出的流畅性

不管是手语口译还是口语手译，好的表达应该是流畅的表达。如果一个译员说话嗯嗯啊啊，或者手语断断续续，观众很快便会失去对译员的信任，对发言内容的兴趣也会减退。相反，流畅的译文表达会赢得观众对译员的信任，也更加容易被观众所接受和理解。

要做到流畅表达，就要了解并避开那些会造成表达不畅的因素，比如停顿、填充词、自我修正等。人在正常讲话时都需要停顿，但是过长过多的停顿会让观众觉得译员卡壳了，漏了信息或者翻不出来。所以，在产出译文的时候，除了正常呼吸和断句需要的停顿外，要避免其他不必要的停顿，尽快地接上去。填充词就是我们在思考的时候发出的"嗯""呃""这个""那个"等没有具体信息的声音或者打出的多余手势。翻译时应避免使用填充词的不良习惯，平时应该加强训练。多给自己录音录像，看看自己有哪些不必要的声音或者手势可以去掉，表达尽量干净。自我修正也是很多译员不由自主的习惯。有时候句子表达到一半发现接不下去，就又重新开始。除非是的确犯了必须要修改的错误，译员还是应该尽量避免自我修正，一个句子开始了就尽量表达完整，再不动声色地重新开启新的句子。在手语口译过程中，聋人有时会描述一个观点或问题，然后在句末表达其反对的观点。而译员在翻译时并不能提前预测，而此时又不能重新描述，那么译员可以在最后补充一句"……刚刚的这个观点我是反对的"来进行修补。

要做到表达流畅，除了练好基本功，加快理解、记忆、转化的速度外，还可以采取一些连接的手段和技巧。译员常用的技巧包括使用关联词、丰富表达、调整语速、调整语气节奏等。在译入口语时尽量使用一些表示逻辑关系的关联词，让前后文显得更加衔接连贯。遇到发言内容比较简单，或者语速比较慢的时候，译员可以有策略地重复部分信息，但是可以采用不一样的表达方式，而不是机械地重复前面说过或者打过的话。比如，当发言人表述"欢迎各位远道而来的嘉宾来到我校参加本次研讨会"的手语时，译员在看到"欢迎"时，就很容易联想到整个句子的核心意思。如果发言人表述比较缓慢，则译员可以采取拆句重复的办法，译为"欢迎各位远道而来的嘉宾，欢迎大家莅临我校参加本次研讨会"。相比而言，译文版本重复了"欢迎"

两个字，把原本的一句话拆分成了两个分句，使得译文更加饱满。另外，调整和控制好语速和节奏也是提升译文流畅性的好办法。如果译文出现大段空白停顿或者译文时快时慢，观众会认为是译员没有理解发言人，因此保持稳定、适中的语速和节奏是非常重要的。

1.2 技巧练习

本练习为口语手译练习，请一人朗读句子，一人打手语，并特别关注产出的流畅性。可对比自己的手语译文和视频中的参考译文。

1) 今天，我们在这里欢聚一堂，辞旧岁、迎新春，感到格外高兴！

2) 手语的时间是通过空间方位表示的，如从过去到现在。

3) 1948年上海成立了一所由上海聋人投资创办的聋校，聋孩子们聚集在一起学习上海手语。

4) 最近有专门的手语翻译员，如果有聋人挂号，服务人员看到后，打电话通知翻译，一直陪同聋人看病至结束。

5) 共建"一带一路"，顺应经济全球化的历史潮流，顺应全球治理体系变革的时代要求，顺应各国人民过上更好日子的强烈愿望。

6) "春秋多佳日，登高赋新诗。"在这个春意盎然的美好时节，我很高兴同各位嘉宾一道，共同出席第二届"一带一路"国际合作高峰论坛。

二、译前准备

2.1 主题知识准备

本单元练习的主题为工作汇报题材，学生在课前应对相关领域的内容进行检索与阅读，充分做好译前准备，并在课堂上分享相关信息。

1) 译员经常接触到的汇报题材是对某项目、某事件、某工程或年度总结的汇报工作，内容经常会涉及专业术语、年限或者数据结果。汇报结束之后的提问环节中，随机性不确定性的存在更加强了汇报的难度。请大家对汇报题材进行讨论，应如何做好译前准备。如：提前和汇报人沟通，搜集可能出现的相关术语，对参加的观众有一定的了解，以便应对提问环节等。

2) 请搜集一些汇报工作的语篇或者视频进行手语跟打练习并录像。和同伴讨论在练习过程中出现的难点和疑点。例如，在翻译过程中遇到专业术语应如何解决？遇到专业的英文词汇应如何应对？

3) 请搜集一些聋人对某项工作、某个项目汇报的视频进行口译练习，对遇到固定词汇搭配时应如何准确地翻译进行讨论。例如："个体就业""公益性岗位""辅助性就业""在岗人员"等。

4) 请搜集一些聋人对某项工作、某个项目汇报的视频，对聋人在汇报工作时对专业词汇的处理方式进行汇总并讨论。例如："孤独症""代缴""残疾人事业专项彩票公益金助学项目""同比增长14.6%"等。

5) 设定情景，深入学习专题知识。假设某聋协主席要在残联年度工作总结会议上做聋协年度工作总结的汇报，你作为手语译员，应做哪些具体准备？

2.2 语言准备

请扫描二维码，学习和本课主题相关的常用词句的双语表达。因篇幅限制，以下列出的图片仅选取了部分词组，每个词组仅截取了两个动作。完整的词汇表详见附录1：语言准备部分词汇表。

存在的不足

回顾过去的一年

加强内部管理

良好效果

请领导和同事们批评、指正

提高管理水平

完成步骤

未来计划

指标完成情况

最大的优势

三、篇章传译

3.1 手语口译

● 课堂英语教学项目汇报

情景介绍：

这篇发言选自某合作高校的项目汇报会议，内容为关于中国聋人大学生英语课堂教学模式的调查报告。

短语与句子：

请扫描二维码，提前熟悉视频中相关的短语和句子。

中国聋人课堂英语教学研究分析

给聋人提供最有效的学习英语的方法

对60位已经获得硕士或博士学位的聋人

有留学经历

初期英语学习过程中自学所占的比重很大

将重点知识写在黑板上结合课堂手语翻译来进行教学

学生出国学习，先学会当地的手语然后直接学习英语

值得一提

来自我国东北部地区一所聋人学校的教学模式

通过中国手语来帮助记忆美国手语指拼

传译练习：

请扫描二维码，根据视频内容进行传译练习。

3.2 口语手译

● 答记者问（节选）

情景介绍：

这篇发言选自2018年李克强总理记者见面会，总理回答记者关于中国经济发展的提问。

短语与句子：

请扫描二维码，提前熟悉语篇中部分短语和句子的手语打法。

中国经济运行保持在合理区间

有6600多万城镇新增就业

没有一个人①就业，一个家庭就毫无生气

我们要将心比心

就是为了更加充分地反映城乡就业状况

这里我想报个大账

城镇实际新增劳动力人口是1500万到1600万

今年没理由做不到

他们在城市化进程当中垒起大楼、铺通大道

为中国发展立下了汗马功劳②

进城务工农民都是通过打工来增加他的收入

我们一定要责无旁贷地为农民工创造稳定的就业机会

传译练习：

请扫描二维码，根据音频内容进行传译练习。或两人一组，一人发言，一人练习传译。

📖 语篇文稿：

　　过去5年，中国经济运行保持在合理区间，其中一个很大的亮点就是有6600多万城镇新增就业，保持了比较充分的就业。就业对于一个家庭来说那是天大的事，没有一个人就业，一个家庭就毫无生气。如果大学生毕业就失业，那就没有希望，所以我们要将心比心，各级政府及其工作人员，都要把就业放在心上，扛在肩上。今年我们政府工作报告首次把城镇调查失业率列入预期目标，就是为了更加充分地反映城乡就业状况，也可以说这是自加压力。

　　这里我想报个大账，我们今年城镇实际新增劳动力人口是1500万到1600万，我们定的目标是至少要保证1100万人就业，但方向是1300万人以上，前几年我们都做到了，今年也没有理由不做到。与此同时，我们还有2.8亿的农民工，他们在城市化进程当中垒起大楼、铺通大道，为中国发展立下了汗马功劳。促进农民工就业也是新型城镇化的重要内容，进城务工农民都是通过打工来增加他的收入，今年至少还要新增三、四百万农村转移劳动力。对此，我们要责无旁贷地为农民工创造稳定的就业机会。

---

① 译者这里使用了"人"的类标记。
② 译者最后两个手势"血/汗（模仿滴汗的状态）"来代表"汗马功劳"。

3.1 手语口译

● 课堂英语教学项目汇报

请阅读这部分的参考译文，也可提出自己的不同译法。

大家好，今天我汇报的题目是中国聋人课堂英语教学研究分析，目的就是给聋人提供最有效的学习英语的方法。在调查问卷中，我对60位已经获得硕士或博士学位的聋人进行了访谈，他们所呈现的最大共同点就是大多有留学经历，在初期英语学习过程中自学所占的比重很大。在调查中，我们整理了目前四种聋人英语课堂教学模式和大家分享。首先是传统的教学即汉语–英语模式，这也是目前最广泛的教学模式，和听人一样老师用汉语来教学生英语；其次是汉语–手语–英语模式，就是在一些聋人高校，英语是结合手语来完成的。课堂上不会手语的英语老师将重点知识写在黑板上结合课堂手语翻译来进行英语教学，学生通过这样的方式来进行英语学习；第三种是国外手语–英语的模式，这种模式来自郑州某高校组织的聋人学生留学团，学生出国学习先学会当地的手语然后直接学习英语，这里值得一提的是，他们的课堂英语老师是一位聋人；最后就是中国手语–外国手语–英语的模式。这个教学模式来自我国东北地区一所聋人学校，上课时学生通过中国手语来帮助记忆美国手语指拼，然后再学习美国手语，通过美国手语学习英语。

3.2 口语手译

● 答记者问（节选）

请扫描二维码，观看这部分的翻译建议。也可提出自己的不同译法。

第十三课
译语产出的逻辑性和灵活性

一、传译技巧

1.1 技巧讲解

译语产出的逻辑性和灵活性

手语译员的产出是受原语篇局限的，因为译员不能随心所欲地发言，而是将发言人要表达的意思转化成另一种语言，这也是为什么译员经常被形容成"戴着手铐脚镣的舞者"。但是观众需要依靠译员的产出来获取原语篇信息，所以译员的产出在忠实原语篇信息的基础上，也应该是符合逻辑的独立的流畅的发言。

在本书前面几课中我们介绍了如何在接收信息时分析其逻辑关系，并通过逻辑关系进行记忆。同样，在译语产出的时候，译员也应该注意表达出原语篇的逻辑关系，这样能让观众更容易理解。手语的逻辑关系相对较为隐性，在译入口语时可以适当添加逻辑连接词，比如"因为""所以""但是"等，或者运用序数词如"第一""第二""首先""其次"等，让口语产出的逻辑性更加显化，这样易于观众理解。

为了保障译语产出流畅不卡，译员不仅需要平时多积累各种双语词句的表达，还应该训练自己用不同的方式（词汇、句型）表达相似的意思的能力，保证表达的多样性和灵活性。比如表达"中国经济快速增长"的概念，可以有不同的方法，比如："中国经济增长势头迅猛""中国经济进入飞速发展阶段""中国经济面一路向好""中国经济发展不断提速"等等。

增加表达的灵活性或者多样性，主要依靠词汇、句型的大量积累和快速转换。译员在自己练习时，注意多收集多积累同一大类的汉语和手语词汇，比如教育方面的常用词句，政务、经济、法律、科技等各方面常用词句，多总结归纳相似的表达，这样在翻译产出的时候不容易因一下想不起某个词而卡壳。

平时还可以多做复述和替换练习，比如一个汉语语篇或者一段手语视频，听完看完之后尽量用自己的话将语篇的意思重新表达出来。平时训练可以先从替换一些近义词开始慢慢过渡到句型的更改，这对提高翻译效率和表达的多样性都有帮助。

1.2 技巧练习

本练习01–03为口语手译练习，请先观看下列文字，然后进行手语翻译，尽量关注自己译文产出的逻辑性和表达灵活性。扫描下方二维码对比自己的手语产出和视频中给出的参考译文。

1) 只要思想不滑坡，方法总比困难多。

2) 你也不能太善良了，你为他着想，他反而觉得你想占他便宜。

3) 领导对我的照顾，像爸爸一样，充满热心与期望，但我却辜负了他，让他失望了。

本练习04–06为手语口译练习，请先扫描二维码，看手语进行同步口译，口译时尽量关注自己产出的逻辑性和灵活性。对比自己的译文和参考译文。

4) 我的译文：_____

_____

5) 我的译文：_____

_____

6) 我的译文：_____

_____

4) 参考译文：他们两个人之前关系很好，后来经过有心人的挑拨于是关系出现了破裂。

5) 参考译文：贵公司是美国零售业的龙头企业，既然我方选择贵公司作为开拓美国市场的先驱，自然在价格上不会为难你们。

6) 参考译文：现有的调查结果表明，尚未发现明确的人传人证据，不能排除有限人传人的可能，但持续人传人的风险较低。目前正结合临床和流行病学资料开展进一步研究。

2.1 主题知识准备

本单元练习的主题为医学专题，学生在课前应对相关领域的内容进行检索与阅读，合理进行译前准备，在课堂上进行相关信息分享。

1) 医学翻译在手语翻译中常见的多为陪同翻译，只有少部分的会涉及医学会议、论坛、宣讲、发布等高难度的翻译场所。请大家汇总和整理医学翻译的特征，找到医学翻译的最大难点。例如专业的病理解读，译员很难理解。

2) 搜集和整理医学发言相关的语篇和视频，集中探讨语篇的难度，寻找解决方案，并讨论译员在面对难度较高的医学翻译时应做哪些工作，例如：提前和主办方沟通告知难度，添加字幕设备，根据内容的重要程度是否邀请聋人的家属陪伴。

3) 搜集聋人谈论医学相关的视频手语，搜集整理聋人常用的医学词汇。例如："胃""肾""肝脏""粘膜""经络""穴位"等。

4) 搜集和整理医学相关的手语词汇书籍，例如《国家通用手语词典》医学部分、《爱聋医学手语》《北京医用手语》等。

5) 设定情景，深入学习专题知识。假设某残联要举办老年心梗预防讲座，你作为译员，应做哪些准备？翻译过程中应注意哪些问题？

6) 挑选一个医学词汇进行手语解释。例如："阿尔兹海默症"，阿尔茨海默病（AD）是一种起病隐匿的进行性发展的神经系统退行性疾病。临床上以记忆障碍、失语、失用、失认、视空间技能损害、执行功能障碍以及人格和行为改变等全面性痴呆表现为特征，病因迄今未明。65岁以前发病者，称早老性痴呆；65岁以后发病者称老年性痴呆。

2.2 语言准备

请扫描二维码，学习和本课主题相关常用词句的双语表达。因篇幅限制，以下列出的图片仅选取了部分词组，每个词组仅截取了两个动作。完整的词汇表详见附录1：语言准备部分词汇表。

冰敷替高热病人降温

口腔溃疡

急性阑尾炎手术

器官移植

补牙填料

胃镜检查

抗病毒免疫

临床检验

全麻手术

心脏支架

三、篇章传译

3.1 手语口译

● 培养健康习惯

情景介绍:

这个发言是针对培养健康习惯的介绍。

短语与句子:

请扫描二维码,提前熟悉视频中相关的短语和句子

大家觉得吸烟是对人体健康危害最大的

饭菜中的油量很高,没有节制的饮食,油脂会在体内转化为脂肪

长期消化不良给胃造成负担影响到大肠

建议大家不要暴饮暴食,吃饭时要细嚼慢咽

容易引发糖尿病

长期食肉过量会引发高血压

最后只能长期服用降压药来降血压

少吃肉,多吃菜,荤素搭配

会增加血液黏稠度诱发心脏和血管的疾病

血糖低导致头晕,影响工作

长期不吃早饭,胃液变干就会长结石

传译练习:

请扫描二维码,根据视频内容进行传译练习。

3.2 口语手译

● 青蒿素的发现

情景介绍：

本篇内容来自人民网，介绍了屠呦呦发现青蒿素的过程。

短语与句子：

请扫描二维码，提前熟悉语篇中部分短语和句子的手语打法。

疟疾①，世界上最主要的高死亡率传染病

氯喹②抗疟失效

在中医研究院中药研究所任研究实习员的屠呦呦

接受了国家疟疾防治项目"523"办公室艰巨的抗疟研究任务

从此与中药抗疟结下了不解之缘

科研水平无法达到国际一流水平

不少人认为这个任务难以完成

整理中医药典籍，走访名老中医

青蒿素③提取实验药效不稳定

低沸点溶剂的提取方法④

为世界带来了一种全新的抗疟药

以青蒿素为基础的联合疗法已经成为疟疾的标准治疗方法

瑞士卡罗琳医学院⑤宣布

诺贝尔生理学或医学奖⑥

表彰他们在寄生虫疾病治疗研究方面取得的成就

传译练习：

请扫描二维码，根据音频内容进行传译练习。或两人一组，一人发言，一人练习传译。

---

① 手语中没有"疟疾"一词，译者用其症状特征来表达。
② 手语中没有"氯喹"一词，译者用其化学符号代替。
③ "青蒿素"译者打的是其外形特征。
④ 译者通过句意，模仿实验提取的动作。
⑤ "卡罗琳医学院"译者打的是其机构组织的缩写"KI"。
⑥ 国际手语打法。

　　疟疾，世界上最主要的高死亡率传染病。20世纪60年代，在氯喹抗疟失效、人类饱受疟疾之害的情况下，在中医研究院中药研究所任研究实习员的屠呦呦于1969年接受了国家疟疾防治项目"523"办公室艰巨的抗疟研究任务。屠呦呦担任中药抗疟组组长，从此与中药抗疟结下了不解之缘。由于当时的科研设备比较陈旧，科研水平也无法达到国际一流水平，不少人认为这个任务难以完成。只有屠呦呦坚定地说："没有行不行，只有肯不肯坚持。"通过整理中医药典籍、走访知名老中医，她汇集了640余种治疗疟疾的中药单秘验方。在青蒿提取物实验药效不稳定的情况下，通过改用低沸点溶剂的提取方法，富集了青蒿的抗疟组分，屠呦呦团队最终于1972年发现了青蒿素。青蒿素的发现，为世界带来了一种全新的抗疟药。如今以青蒿素为基础的联合疗法已经成为疟疾的标准治疗方法。据世卫组织不完全统计，青蒿素作为一线抗疟药物，在全世界已挽救数百万人生命，每年治疗患者数亿人。2015年10月5日，瑞典卡罗琳医学院宣布将诺贝尔生理学或医学奖授予屠呦呦以及另外两名科学家，以表彰他们在寄生虫疾病治疗研究方面取得的成就。这是中国医学界迄今为止获得的最高奖项，也是中医药成果获得的最高奖项。

3.1 手语口译

● 培养健康习惯

请阅读这部分的参考译文，也可提出自己的不同译法。

大家好，今天主要讲的是健康常识。大家会觉得吸烟是对人体健康危害最大的，其实不然，还有比吸烟危害更大的，那就是日常不良生活习惯。都有哪些呢？

第一、吃饭过快，狼吞虎咽。食物在口腔中还未咀嚼便吞咽下去，这样会导致肥胖。因为饭菜中的油量很高，没有节制的饮食，油脂会在体内转化为脂肪，长此以往会导致发胖。其次吃饭过快会导致胃部消化不良。长期消化不良给胃造成负担，影响到大肠，造成肠胃堵塞，肠胃功能就会不好。建议大家吃饭时细嚼慢咽。

第二、晚餐过饱。晚上吃得过饱，会影响睡眠，导致失眠。长期暴饮暴食会导致肥胖，容易引发糖尿病。糖尿病需要长期打胰岛素不能断。在此，建议大家晚饭吃八分饱。

第三、食肉过多。不爱吃菜，见到肉就两眼放光。如：鱼、虾、蟹、牛肉、羊肉、猪肉等肉类食品吃得非常多。长期如此会增加身体癌症发病率。长期吃肉过量会引发高血压，最后只能长期服用降压药来降血压。建议大家少吃肉、多吃菜，荤素搭配，也不要完全不吃肉，合理分配才能拥有一个健康的身体。

第四、口渴才喝水。平时一天不渴不喝水，渴了才喝水；或者喝水过少。这样下去会增加血液黏稠度诱发心脏和血管的疾病。建议大家多喝水，这样才能排出体内毒素。

第五，不吃早饭。早上起不来，将吃饭时间用来睡觉。起床后便急忙赶着去上班、去学习。长此以往会因血糖低导致头晕，影响工作。另外，胃会分泌胃酸用于消化食物，长期不吃早饭，胃液变干就会长结石，引发肾结石、血管堵塞，严重的话还要去医院做手术。所以建议大家吃早饭，这样才能有一个好身体。

刚刚介绍的五个不良生活习惯，大家也都反省一下自己有没有。如果有，大家也尽快改正。这样才会身体好、生活好、长寿。祝大家身体健康。

3.2 口语手译

● 青蒿素的发现

请扫描二维码，观看这部分的翻译建议。也可提出自己的不同译法。

第十四课
表达中的应对

一、传译技巧

1.1 技巧讲解

表达中的应对

在手语传译中，译员不可避免会遇到不熟悉的数字、地名、人名等信息。这类信息都是记忆的难点，每个都需要单独记忆，没有上下文可以联系或者和其他信息组块，也不容易省略。面对这类信息难点，译员可以从译前、译中和译后三个阶段来考虑应对策略。

首先是译前准备。译员应尽量向主办方或发言人索要发言的PPT或者提纲。一般来说，重要的数据、地名、人名都会在PPT上体现出来。译员可以尽早熟悉这些表达，也可以询问聋人相应的地名、人名有没有固定的打法。如果没有能够获取相关材料，译员也可以提早针对发言人的背景做一些准备，比如发言人来自哪里，他/她上学或者工作的城市名的手语打法，都可以提前准备。翻译任务当天，译员应该提前到会场，尽可能和发言人做简单的交流，了解其发言的主题和可能会涉及的难点信息，以及地名、人名、专有名词的表达法，做好译前准备。

其次是译中。在现场翻译过程中，发言人突然提到数字或者是比较生僻的地名、人名等信息的时候，译员先保持冷静，寻求搭档译员的帮助。如果是数字，搭档译员应该马上用笔记录下来，展示给正在翻译的译员；如果是其他专有名词，搭档译员可以打手语或者写字提示。如果实在不能理解或者不知道对应的手语表达，手语译汉语时可以先模糊化处理，用"一个城市""一名科学家"这类的上义词代替，请搭档向场内聋人请教，并在后面的翻译中再次遇到时尽可能补充；汉语译手语时，则可以先用指拼的方法，辅之以解释，如K-A-N-G-X-I或者是K-X（一位清朝皇帝），搭档译员应该能及时发现同伴的困境，并及时向旁边的聋人请教是否有约定俗成的译法。此外，如果数字太密集，或者列举文件名来不及翻译的话，译员也可以借助现场的PPT，直接指一下相应的数字或者长串的文件名。

译后。一场翻译活动结束后，译员不应该立刻把所有相关材料抛诸脑后，而是要整理活动的相关表达并对自己的总体表现进行回顾和反思，这样才会提高自己，更好地应对下一次翻译任务。在这个过程中，译员应该特别注意收集翻译过程中遇到的地名、人名等专有名词的打法，保证在之后的翻译中做到游刃有余。

在传译过程中，两位搭档译员之间的配合是极为重要的，在手语口译时碰到数字或者陌生的地名或者人名时，搭档可以通过耳语或者笔记的方式提醒正在翻译的同伴。而在口语手译过程中，一位译员是站在讲台上，并没有其他的辅助人员在旁边。此时，搭档最好站在台上译员能正对着看到的地方，这样出现数字或者生僻信息时候，可以通过手语或者大字写在白纸上的方式告诉对方内容。

1.2 技巧练习

本练习01–03为口语手译练习，请先阅读下列句子，然后进行手语翻译。关注表达中的难点和需要应对的地方。扫描下方二维码对比自己的译文和参考译文。

1) 故宫博物院成立于1925年，是世界上规模最大、保存最完整的紫禁城木结构宫殿建筑群。

2) 下雨天把车放在这里也不行呀！我们就一起推着车，推了好远的路，大概三十分钟推到了家里，真不容易呀。

3) 很多人都认为手语是世界统一的，走在哪里都一样。其实不是，中国手语是中国手语，别的国家也有他们的手语，如美国手语、英国手语。而且中国手语内部根据地区不同还有很多地方手语。

本练习04–06为手语口译练习，请先扫描二维码，看手语进行同步口译，关注表达中的难点和需要应对的地方。对比自己的译文和参考译文。

4) 我的译文：_____

_____

5) 我的译文：_____

_____

6) 我的译文：_____

_____

4) 参考译文：精心的策划与优秀的创意是专题片的重点。要想作品引人入胜，具有很强的观赏性，独特的创意是关键。

5) 参考译文：我们所希望的是由政府出资成立一个聋人专属的TV频道，以供中国的两千七百多万聋人观看学习。毕竟，这两千七百多万聋人中文化水平高的很少，大多文化水平参差不齐，整体相比也略逊于听人，所以想通过电视媒体传播的方式让大家学习知识，从而达到和听人相同的水平。

6) 参考译文："非视觉概念"就是看不见、摸不着的，同时也是抽象的概念。

2.1 主题知识准备

本单元练习的主题为政治题材，学生在课前应对相关领域的内容进行检索与阅读，合理进行译前准备，在课堂上进行相关信息分享。

1) 政治话题类翻译对手语译员来说难度相对较大，特别是如何精准地对标语言信息又不会产生偏差，这对译员来说难度很大。请大家一起探讨面对时政类语言时翻译的难点都有哪些？

2) 了解我国近几年提出与政治相关的话题与内容，例如："实现中华民族伟大复兴""反腐倡廉""全面依法治国""命运共同体""一带一路建设""绿水青山就是金山银山"并试着用手语进行解释。

3) 搜集一些政治会议的视频，进行手语跟打练习，全程录制，和同伴对其中的难点、疑点进行讨论。如时政类的固定词组非常多，在翻译时应如何处理？

4) 搜集聋人日常谈论时政的手语视频，例如对聋人自媒体公众号中经常涉及的政治话题及相关手语进行搜集和整理，试着进行口译并和同伴讨论聋人在讲时政话题的表达特点与方式。

5) 设定情景，深入学习专题知识。假设你作为某省某届残联代表大会的手语翻译，应做哪些具体准备？

6) 挑选一个政治词汇进行手语解释。例如："供给侧结构性改革"。供给侧结构性改革旨在调整经济结构，使要素实现最优配置，提升经济增长的质量和数量。需求侧改革主要有投资、消费、出口三驾马车，供给侧则有劳动力、土地、资本、制度创造、创新等要素。

2.2 语言准备

请扫描二维码，学习和本课主题相关常用词句的双语表达。因篇幅限制，以下列出的图片仅选取了部分词组，每个词组仅截取了两个动作。完整的词汇表详见附录1：语言准备部分词汇表。

"不忘初心、牢记使命"主题教育

反腐倡廉

捍卫宪法尊严

坚持实事求是

全心全意为人民服务

建设教育强国

与时俱进的马克思主义发展观

生态文明建设

中国共产党的伟大践行

政治建设工作

三、篇章传译

3.1 手语口译

● 小康社会

情景介绍：

这个发言选自手语自媒体，内容是对十九大小康社会的解读。

短语与句子：

请扫描二维码，提前熟悉视频中相关的短语和句子。

建设小康社会成为改革开放战略之一

在规划中国社会发展蓝图时提出的概念

小康社会包含了衣、食、住、行

俗话说得好

食物安全、无公害、营养均衡

没有因为贫穷而无家可归的流浪人

国家为了改善空气质量

规定将一些工厂迁出市区

在原来工厂的位置修建了花园

在我们周围犯罪的事件

在我国社会主义核心价值观中又提出了——美丽

天天面对生产的机器、乌烟瘴气的城市，那样的感觉好吗？

让人一听精神一振，非常有远见

传译练习：

请扫描二维码，根据视频内容进行传译练习。

3.2 口语手译

● 习主席新年贺词(节选)

情景介绍：

这个发言选自习近平主席2019年新年贺词。

短语与句子：

请扫描二维码，提前熟悉对话中的短语和句子。

加快新旧动能转换

蓝天、碧水、净土保卫战顺利推进

粤港澳大湾区建设等国家战略稳步实施

长江两岸绿意盎然，建三江万亩大地号稻浪滚滚

深圳前海生机勃勃，上海张江活力四射

是新时代奋斗者挥洒汗水拼出来的

嫦娥四号探测器成功发射

国产大型水陆两栖飞机水上首飞

北斗导航向全球组网迈出坚实一步

每一位"大国工匠"

脱贫攻坚传来很多好消息

全国又有125个贫困县^①通过验收脱贫

17种抗癌药降价并纳入医保目录

因病致贫问题正在进一步得到解决

奋战在脱贫一线的同志们，280多万驻村干部、第一书记

传译练习：

请扫描二维码，根据音频内容进行传译练习。或两人一组，一人发言，一人练习传译。

📖 **语篇文稿：**

　　大家好！"岁月不居，时节如流。"2019年马上就要到了，我在北京向大家致以新年的美好祝福！

　　2018年，我们过得很充实、走得很坚定。这一年，我们战胜各种风险挑战，推动经济高质量发展，加快新旧动能转换，保持经济运行在合理区间。蓝天、碧水、净土保卫战顺利推进，各项民生事业加快发展，人民生活持续改善。京津冀协同发展、长江经济带发展、粤港澳大湾区建设等国家战略稳步实施。我在各地考察时欣喜地看到：长江两岸绿意盎然，建三江万亩大地号稻浪滚滚，深圳前海生机勃勃，上海张江活力四射，港珠澳大桥飞架三地……这些成就是全国各族人民撸起袖子干出来的，是新时代奋斗者挥洒汗水拼出来的。

---

① "县"为地方手语。

这一年，中国制造、中国创造、中国建造共同发力，继续改变着中国的面貌。嫦娥四号探测器成功发射，第二艘航母出海试航，国产大型水陆两栖飞机水上首飞，北斗导航向全球组网迈出坚实一步。在此，我要向每一位科学家、每一位工程师、每一位"大国工匠"、每一位建设者和参与者致敬！

这一年，脱贫攻坚传来很多好消息。全国又有125个贫困县通过验收脱贫，1000万农村贫困人口摆脱贫困。17种抗癌药降价并纳入医保目录，因病致贫问题正在进一步得到解决。我时常牵挂着奋战在脱贫一线的同志们，280多万驻村干部、第一书记，工作很投入、很给力，一定要保重身体。

3.1 手语口译

● 小康社会

请阅读这部分的参考译文，也可提出自己的不同译法。

大家好，最近在电视上看到习主席在十九大上做了关于政府的报告，十分激动，报告中的一个词也与我们聋人生活息息相关，想和大家分享一下，这个词就是小康社会。

自1992年中国改革开放转型后，正式向全面建设小康社会转型。建设小康社会成为改革开放战略之一。小康社会是邓小平在规划中国社会发展蓝图时提出的概念。

我认为小康社会首先包含了衣、食、住、行。俗话说得好："一吃二穿三行四用"，衣食住行(吃穿行用)是我们日常生活很普通却也很重要的一部分。吃，涉及食物安全、无公害、营养均衡；穿，就是一年四季都有适合的衣服穿，冬天穿棉衣、夏天穿薄衫，搭配舒适，美观大方；住，是人人都有房子住，没有因为贫穷而无家可归的流浪人；出行，就是无论是乘地铁、公交、火车、轮渡、航空都非常的方便，以前去哪里都很不方便，而现在发展很快，去哪里都很便利。

其次是环境，近年来我国环境得到了很大的改善，国家为了改善空气质量，规定将一些工厂迁出市区，并在原来工厂的位置修建了花园、种植了树木。最后就是治安，在我们周围犯罪的事件，例如抢劫、暴力事件等等统统都消失了，这或许就是小康社会的价值所在吧。

习主席在我国社会主义核心价值观中又提出了——美丽。美丽对我们太重要了，天天面对生产的机器、乌烟瘴气的城市，那样的感觉好吗？当然不。习主席讲得特别好，让人一听精神一振，非常有远见。

3.2 口语手译

● 习主席新年贺词（节选）

请扫描二维码，观看这部分的翻译建议。也可提出自己的不同译法。

第十五课
应对突发状况

1.1 技巧讲解

应对突发状况

在手语传译过程中，经常会出现不可预测的突发事件，译员需要有较强的专业素养和过硬的心理素质来进行快速调整与化解。在传译过程中遇到突发情况时，译员应保持冷静、快速应对，尽可能让活动顺利进行。这里列举一些翻译中可能遇到的常见问题，探讨应急处理策略。

1）听不懂或者看不懂发言者

手语翻译场合遇到的发言人并不可能都能使用发音标准的普通话或者通用手语来表达。通常，参会的发言人来自五湖四海，背景不同，受教育程度不一。有些人口音较重，或者打地方手语。要应对这类情况最好的办法还是通过译前准备，如果能提前和发言人沟通，熟悉他/她的口音或手语，在正式翻译时就能轻松多了。在医疗、公安/法庭或者视频手语传译等场合遇到聋人客户使用地方手语的概率非常大。如果译员无法通过译前准备提前熟悉对方的手语，还有一个办法是译员团队中安排一位聋人译员，进行接力传译，聋人译员负责把地方手语或者个人特色鲜明的手语转换成听人译员更为熟悉的通用手语，通过团队配合来完成翻译工作。

2）现场设备出现状况影响传译

如果现场因为扩音设备或者灯光等原因导致译员听不清或者看不清，译员可以及时向搭档求助，让搭档提醒相关工作人员及时解决问题。音波是直线传递的，扩音设备对着会场，在会场里听比较清晰，而可能在台上的译员听不清楚。要避免此类问题，译员其实可以提前和主办方沟通。一般会场都会有两个朝向的扩音设备，如果没开可以建议打开。如果会场的硬件设施不满足，尽量在朝向译员的位置增加一台扩音设备，或者站在扩音设备的直线扩音范围内。如果是因为译员所在角度或者位置的原因而听得或者看得不那么清楚，译员还可以向搭档示意，让搭档从他/她的角度进行必要的提醒和补充信息。

3）发言人引用古文、英文

在口语发言过程中译员难免会遇见发言人引用名人名言的现象。如果发言人引用的内容相对简单，译员能够理解，则可以直接翻译；如果发言人引用的是大段落的英文或文言文时，在译前准备阶段译员应尽量提前了解内容。若发言人临时起意说了一段英文，或者经常夹一些英文专业词汇，译员可以提醒发言人进行必要的解释。如果情况不允许，发言人引用大段文言文或者英文后并不解释并继续往下讲了，译员也只能告诉观众发言人引用了一段文言文或者英文，尽自己所能给出一两句的概括性解释，然后继续往下翻译。

4）发言者语速过快

这类现象在口语发言和手语发言过程中都会出现。有时发言人自己并没有意识到自己说话太快，或者由于会议时间限制只能加快速度。语速过快对于译员来说是一个巨大的挑战，即使译员能跟上语速，翻译的效果也会大打折扣。译员在可能的时候可以暗示发言人放慢语速，如果没有效果，译员又很难跟上发言人的语速时，只能尽量提取主要信息，省略修饰、补充、说明等次要信息。

在实际传译场合，译员在遇到突发状况时，应保持冷静，灵活应变，尽量不影响传译活动的顺利进行。译员团队之间应充分配合，共同合作完成传译任务。

1.2 技巧练习

练习一：分组讨论自己在翻译实践中遇到过的或者网上看到过的翻译"车祸现场"，谈谈自己会怎么应对这样的危机。

_____

_____

_____

_____

_____

练习二：本练习01-03为口语手译练习。请先观看下列文字，然后进行手语翻译练习，翻译过程中请结合之前学习的所有技能进行综合使用，最后和同伴进行互相评价。扫描下方二维码对比自己的手语译文和视频中的参考译文。

1）希望医院增加一个手语翻译岗位，特别是专业的医用手语一定要学会。

2）一个聋人去找工作，老板见到后，有点同情他，招聘他来工厂工作，嘱咐他注意安全，注意机械电器等东西。

3) 两位不同聋校的聋人相遇后，发现彼此手语不一样，随着不断融合，现在香港手语的成分组成，60%是上海手语，40%是过去香港其他聋校的手语。

本练习04-06为手语口译练习，请先扫描二维码，看手语进行同步口译。尽量综合运用所学技巧应对可能出现的困难。对比自己的译文和以下参考译文。

4) 我的译文：_____
_____

5) 我的译文：_____
_____

6) 我的译文：_____
_____

4) 参考译文：有一次去韩国绘画交流，韩国聋人朋友问我爸爸的手语，我教了他北京手语的爸爸。后来韩国朋友去上海，上海聋人朋友告诉他上海手语爸爸的打法，韩国聋人非常奇怪，怎么不一样呢？后来才知道，是因为中国太大了！

5) 参考译文：手语表达非视觉概念的原则是：力图在事物间建立相互联系，由近及远、由浅入深、由具体到抽象，逐步深入地认识客观世界。

6) 参考译文：而到了二十一世纪初，由于信息产业和互联网的普及，机器学习作为一种学习大数据背后规律的方法成为了人工智能研究的主流。

2.1 主题知识准备

本单元练习的主题为司法主题，学生在课前应对相关领域的内容进行检索与阅读，合理进行译前准备，在课堂上课进行相关信息分享。

1) 司法翻译对手语翻译来说是一个常见的难度较高的翻译场景，请大家讨论一下手语译员常参与的司法翻译场所，并分别有什么特点。例如：派出所聋人报警、法庭上的民事纠纷。派出所聋人报案的翻译相对互动性较大，可以反复确认现场沟通；而法庭场所其互动没有那么频繁，且专业司法词汇居多，给手语译员的时间极其有限。

2) 搜集我国颁布法律条例或者释义法律的相关视频进行手语跟打练习，对中间出现的难词、长词、常见词搜集整理进行小组讨论。

3) 搜集整理聋人谈论司法的视频，将视频中的司法词汇进行挑选整理。对聋人日常交流频繁的司法手语，例如对聋人自媒体公众号中经常涉及的司法话题及相关手语进行搜集和整理。

4) 在聋人日常法律纠纷中，离婚案件、财产继承案件，刑事案件中非法集资、诈骗等案件所占比重较重，请对其中一类案件中相关的手语进行课下学习。

5) 设定情景，深入学习专题知识。假设某聋人离婚案即将开庭，你作为手语译员，应做哪些准备？具体的行为有哪些？

6) 挑选一个法律词汇进行手语解释。例如："离婚损害赔偿"：根据《婚姻法》第46条规定，当事人存在重婚、有配偶者与他人同居、实施家庭暴力、虐待、遗弃家庭成员等情形导致离婚的，无过错方有权请求损害赔偿。

2.2 语言准备

请扫描二维码，学习和本课主题相关常用词句的双语表达。因篇幅限制，以下列出的图片仅选取了部分词组，每个词组仅截取了两个动作。完整的词汇表详见附录1：语言准备部分词汇表。

法律援助工作

监狱管理

司法考试

民事案件

法学教育

社会法律咨询服务

社会治安综合治理

司法鉴定

刑事犯罪

执法争议

三、篇章传译

3.1 手语口译

● 防范集资诈骗

情景介绍：

这个发言来自某地区聋协的宣传视频，内容是向本地区聋人普及集资诈骗的手段和方法，提醒聋人群体提高警惕。

短语与句子：

请扫描二维码，提前熟悉视频中相关的短语和句子。

现在越来越多的人喜欢投资

警察通过对相关案件的调查和分析发现犯罪分子常用的手段有三种

设计精美的投资计划书并在计划书上承诺会给丰厚的高额回报

看到精美的计划书之后被上面的花言巧语和高额的利息所蒙蔽

犯罪分子在骗取的财产达到一定数额后便会跑路

逃到国外资产难以追回

配上精修图和名人的合影

通过小额投资尝试获取到甜头之后，充分地信任该网站

租用五星级场所

投资者先被五星级场所震撼，再被高大上的办公环境所迷惑

因为这类犯罪分子会利用国外的银行进行财富转移，想要追回是十分困难的

通过受骗聋人的报警和聋协的协助我们发现

高回报的手段（高于本金一倍的利润返还）

唆使聋人投资者参与到拉人头的勾当，并给与丰厚的利益

聋人投资者对诈骗分子的信任，于是喊来更多的聋人参与投资

被拉来的聋人还没了解清楚，就被信誓旦旦的保票所相信，跟着也投入大量的金钱

随着越来越多的聋人的加入，聋人的财产被榨干，诈骗分子们携款潜逃

聋人这时才恍然大悟，急急忙忙找到聋协和警察机关报案，犯罪分子早已人去楼空

参与拉人头的聋人同样属于犯罪

财富是靠自己一点一点的努力积累创造出来的，幻想天上掉馅饼是不现实的

传译练习：

请扫描二维码，根据视频内容进行传译练习。

3.2 口语手译

● 法院开庭

情景介绍：

这个发言选自一场聋人集资犯罪庭审现场，法官宣布法庭纪律。

短语与句子：

请扫描二维码，提前熟悉语篇中部分短语和句子的手语打法。

《中华人民共和国法院法庭规则》

尊重司法礼仪，遵守法庭纪律

不得实施下列行为

对庭审活动进行录音、录像、拍照或使用通讯工具等传播庭审活动

违反规定的，人民法院可以暂扣其使用的设备及存储介质，删除相关内容

其他危害法庭安全或妨害法庭秩序的行为

检察人员、诉讼参与人发言或提问，应当经审判长许可

旁听人员不得进入审判活动区

对不听警告的，予以训诫；对训诫无效的，责令其退出法庭

对拒不退出法庭的，指令司法警察将其强行带出法庭

行为人实施下列行为之一

1. 非法携带枪支、弹药、管制刀具或者爆炸性、易燃性、放射性、毒害性、腐蚀性物品以及传染病病原体进入法庭

侮辱，诽谤、威胁，殴打司法工作人员或诉讼参与人

毁坏法庭设施，抢夺、损毁诉讼文书、证据

传译练习：

请扫描二维码，根据音频内容进行传译练习。或两人一组，一人发言，一人练习传译。

现在宣读法庭纪律。根据《中华人民共和国法院法庭规则》的有关规定，全体人员在庭审过程中应当服从审判长的指挥，尊重司法礼仪，遵守法庭纪律，不得实施下列行为：1. 鼓掌、喧哗；2. 吸烟、进食；3. 拨打或接听电话；4. 对庭审活动进行录音、录像、拍照或使用通讯工具等传播庭审活动，违反规定的，人民法院可以暂扣其使用的设备及存储介质，删除相关内容；5. 其他危害法庭安全或妨害法庭秩序的行为。

检察人员、诉讼参与人发言或提问，应当经审判长许可。旁听人员不得进入审判活动区，不得随意站立、走动，不得发言和提问。审判长对违反法庭纪律的人员应当予以警告；对不听警告的，予以训诫；对训诫无效的，责令其退出法庭；对拒不退出法庭的，指令司法警察将其强行带出法庭。

行为人实施下列行为之一，危害法庭安全或扰乱法庭秩序的，根据相关法律规定，予以罚款，拘留；构成犯罪的，依法追究其刑事责任：1. 非法携带枪支、弹药、管制刀具或者爆炸性、易燃性、放射性、毒害性、腐蚀性物品以及传染病病原体进入法庭。2. 哄闹、冲击法庭。3. 侮辱、诽谤、威胁、殴打司法工作人员或诉讼参与人。4. 毁坏法庭设施，抢夺、损毁诉讼文书、证据。5. 其他危害法庭安全或扰乱法庭秩序的行为。

请公诉人、辩护人入庭。

全体起立，请审判长、人民陪审员入庭。

报告审判长，当事人均已到场，已做好开庭前准备工作。

3.1 手语口译

● 防范集资诈骗

请阅读这部分的参考译文，也可提出自己的不同译法。

现在越来越多的人喜欢投资，认为投资获利很高，结果投进去之后纷纷被骗，最近这样的手段犯罪率逐步攀升。警察通过对相关案件的调查和分析发现犯罪分子常用的手段有三种。第一类，设计精美的投资计划书并在计划书上承诺会给丰厚的高额回报。投资者看到精美的计划书之后被上面的花言巧语和高额的利息所蒙蔽，投入大量的钱财。犯罪分子在骗取的财产达到一定数额后便会跑路，逃到国外资产难以追回。第二种是利用电脑实施犯罪，设计精美的网站，配上精修图和名人的合影，投资者登录网站被华丽的外表所骗，再通过小额投资尝试获取到甜头之后，充分地信任该网站，不仅自己投资还呼唤亲人好友一起投资，结果诈骗分子得逞跑路，投资者损失惨重难追回。第三种是投资诈骗手段中最高明的一种，犯罪分子会租用五星级场所作为办公环境，对场所进行精美的装潢配备高级的办公用具，带领投资者来办公场所进行参观。投资者先被五星级场所震撼，再被高大上的办公环境所迷惑，于是高度相信诈骗分子。后来再碰见平时电视常见的名人明星被邀请过来做讲座，对公司的资质更是深信不疑，就会进行高额大量的投资，犯罪分子在长期获利积攒到巨额的财富之后便会跑路。而受害者往往也追不回自己的财产，因为这类犯罪分子会利用国外的银行进行财富转移，想要追回是十分困难的。

刚刚介绍的就是警方帮大家总结诈骗分子常见的三种诈骗手段。不仅仅听人会上当受骗，聋人投资者一样也会上当受骗。聋人为什么会上当受骗？聋人和听人又不能沟通，那如何被引诱上钩呢？通过受骗聋人的报警和聋协的协助我们发现一家诈骗聋人的公司，该公司不会向聋人受害者介绍产品，一般会通过高回报的手段（高于本金一倍的利润返还）先让聋人投资者尝到投资的甜头，一来二去，投资的数额愈来愈高。假如聋人投资者产生怀疑或者犹豫的时候，公司内部正好有一名手语译员，通过手语译员对聋人投资者进行洗脑式灌输，让聋人投资者对诈骗分子深信不疑，投入大量的资金。不仅如此诈骗分子还唆使聋人投资者参与到拉人头的勾当，并给与丰厚的利益。加上聋人投资者对诈骗分子的信任，于是喊来更多的聋人参与投资，被拉来的聋人还没了解清楚，就被信誓旦旦的保票所说服，跟着也投入大量的金钱。随着越来越多的聋人的加入，聋人的财产被榨干，诈骗分子们携款潜逃。聋人这时才恍然大悟，急急忙忙找到聋协和警察机关报案。犯罪分子早已人去楼空，再想寻回自己的损失那是无望了。另外参与拉人头的聋人同样属于犯罪，最后也要面临法律的制裁。所以聋协和警察机关在这里告知广大的聋人群众，财富是靠自己一点一点的努力积累创造出来的，幻想天上掉馅饼是不现实的。

3.2 口语手译

● 法院开庭

请扫描二维码，观看这部分的翻译建议。也可提出自己的不同译法。

附录1　语言准备部分词汇表

第一课

策划写作	比较适宜燃放焰火的天气
项目	裁判员宣誓
后勤保障（两种打法）	放飞和平鸽
合作单位	教练员宣誓
聋人协会（两种打法）	精彩演出
基本情况	运动员入场式
残疾人联合会	运动员宣誓
网上平台	准备就绪
微信推送	升主办国国旗
线上支付	奏主办国国歌

第二课

安全须知	网站运营
性价比高	加盟代理
兑换货币	期货价格
友情链接网站	卸货港
二维码（两种打法）	运费（两种打法）
分期付款	折扣（两种打法）
网上预约	开幕式直播
质优价廉	微电影（两种打法）
宣传标语	文艺作品
支付宝（两种打法）	公证业务

第三课

报纸报道	网媒报道
广播电视宣传	直销处
电视台	签到（两种打法）
记者采访	咨询开始
大众传播	动物趣闻
媒体邀约	经济新闻
新闻评论	传媒交流会议
提高了门户网站的知名度	各位在座的记者朋友
交互视频网站	校园媒体
增加了网友的关注度	对外贸易值
增强交互感	

第四课

5A级景区	兵马俑
签证	国内旅游
预订房间	海关（两种打法）
往返机票	观光车（两种打法）
跟团旅游（两种打法）	免税商店
国外旅游	入境单
行李寄存处	时差（两种打法）
旅游巴士	遗产古迹
世界文化遗产	邮轮旅游
自驾游	自由旅行

第五课

改进方案	讲座教授
热烈欢迎	手机调至静音或者振动模式
各项工作任务	疑点难点
研讨会	注意事项
国际会议	成功
会议流程	发言（两种打法）
会议摘要	圆满

演讲展示　　　　　　　　　　休息几分钟
安排会议组织人员　　　　　　学业有成
会务　　　　　　　　　　　　真人真事

第六课 --

拨冗参加　　　　　　　　　　生产许可证
学术成果　　　　　　　　　　技术服务
上台合影留念　　　　　　　　各位
学术研究和探讨（两种打法）　来宾
前沿技术　　　　　　　　　　学术会议
展示者的论文（两种打法）　　研究的交流和合作
实验科学　　　　　　　　　　认真钻研
学术发展趋势　　　　　　　　学习成长
与同侪交流　　　　　　　　　开幕
征询导师　　　　　　　　　　法治研讨

第七课 --

报告文学　　　　　　　　　　功能齐全
先进经验　　　　　　　　　　生产日期
讲座议程（两种打法）　　　　供求信息
研究领域　　　　　　　　　　观众
讲座地点　　　　　　　　　　宣布
研究相关文献　　　　　　　　邀请
提问过程　　　　　　　　　　主讲嘉宾
主题　　　　　　　　　　　　讲座内容
研究和应用　　　　　　　　　租房纠纷
专题讲座　　　　　　　　　　司法制度与法律职业道德

第八课

诚挚的问候
大力支持
工作目标
介绍出席
良好政风（两种打法）
领导核心（两种打法）
通知参会人员
有待提高
致辞
衷心感谢

最佳选择
代表
领导
热烈鼓掌
席位牌
存在问题
定期召开大会
工作经验
开创和发展中国特色社会主义

第九课

吃透教材
减轻学习疲劳
分析和举例
课后作业
巩固知识
扩展学习范围
激发学习兴趣
逻辑思维能力
教学思路
总结归纳

独立搜索能力
共同进行讨论
沟通与反应（两种打法）
观察与思考
教案的条理
授课的计划性
授课内容
引入课题
讲稿
使用说明

第十课

厂家地址（两种打法）
出口信贷
厂家直销价
对外交流
厂家供货
贸易顺差
优惠关税
批发商

贸易逆差
自由贸易区
扫码支付（两种打法）
色泽鲜明
口感极佳
厂家联系电话
现行价格
嘉宾简介

工作顺利（两种打法）   安置帮教工作（两种打法）

停水停电通知   出口津贴

宣传家乡

第十一课

阖家安康   利息

栏目风格设计   投资店铺

气象灾害   最新价格查询

社会公益事业   保税仓库

网约车   含佣价

消防营救   总值

垃圾处理   租船（两种打法）

新闻发布会   骚扰电话

幕后工作人员   新闻媒体界朋友们

引导舆论   新鲜事件

第十二课

存在的不足   生产基地

回顾过去的一年   新产品

加强内部管理   交货时间

良好效果   净价

请领导和同事们批评、指正   码头费

提高管理水平   工作总结汇报

完成步骤   思想状况

未来计划（两种打法）   国家元首入场

指标完成情况   莅临指导（两种打法）

最大的优势   民族复兴

交易市场   港口税

第十三课

冰敷替高热病人降温
口腔溃疡
急性阑尾炎手术
器官移植
补牙填料
胃镜检查
抗病毒免疫
临床检验
全麻手术
心脏支架

心脏供血不足
药物分析
抑郁症的症状
预防针
针灸治疗
针线缝合
胆结石病
康复治疗
夏季腹泻(两种打法)
心血管外科

第十四课

"不忘初心、牢记使命"主题教育
反腐倡廉
捍卫宪法尊严
坚持实事求是
全心全意为人民服务
建设教育强国
与时俱进的马克思主义发展观
生态文明建设
中国共产党的伟大践行
政治建设工作(两种打法)

公共安全
监管执法
政策资讯
重大事故
爱国精神
反恐就是维护人权
扶贫行动
坚决维护党中央权威
政治学习(两种打法)
重要讲话精神

第十五课

法律援助工作
监狱管理
司法考试(两种打法)
民事案件
法学教育
社会法律咨询服务(两种打法)
社会治安综合治理
司法鉴定
刑事犯罪
执法争议

法律资讯
法学理论研究(两种打法)
法制宣传
管理枪支、弹药、服装、
车辆等物资装备工作
国际经济法(两种打法)
基层法律服务
律师事务所
人民内部矛盾纠纷排查调处(两种打法)
协助管理区

附录2　技巧练习参考答案

第一课

1) 进步
2) 雕塑艺术
3) 这个聋人
4) 手语名字
5) 正式发布
6) 收集手语地名

第二课

1) 并列
2) 因果
3) 递进
4) 解释
5) 顺承
6) 因果

第三课

1) 地名手语
2) 双方都做一些让步
3) 节日临近；做馒头
4) 障碍一点点减少
5) 自信
6) 世界聋人小姐先生大赛中国赛区的理念

第五课

练习一

1. 确认时间、地点。
2. 确认翻译位置，以及确定服装。
3. 拿到比赛日程，确认每个比赛项目的手语打法
4. 询问发言稿是否可以提前拿到，如拿不到，寻找替补方案，如往年的发言稿。
5. 提前看场地

练习二

1) 转写参考：|指→[这个]/讨论–交流–会议/办/**特别**/**成功**(皱眉表情)||我/**特别**/**高兴**++(皱眉表情)||会议/大家/交流+/辩论++||**火**++(眯眼表情，张口表情)|

2) 转写参考：|指→[对方]/**年龄–5**(挑眉表情)/**打屁股针**/变/**聋人**(皱眉表情)||指→[对方]/**年龄–20**(挑眉表情)/变/**聋人**(皱眉表情)/点头||指→[这些]/**聋人**(挑眉表情)/变/**聋人**/样子(挑眉表情)/**不一样**+++摇头(皱眉表情)|

3) 转写参考：|今–年/6–8/文化–自然–遗产–日/快/到||首先–文化–其次–旅游–合并–部/全–国/覆盖/开/系列/非–历史–东西–留/活–动|

4) 参考译文：各位好，下面请允许我介绍我司的经营范围。我司主要经营各类鞋，包括皮鞋、靴子、雪地靴以及凉鞋。

5) 参考译文：2019年5月8日，由海峡两岸以及港澳111位明星参与录制的新创助残公益歌曲《爱的阳光》发布会在京举行。

6) 参考译文：很高兴同各位嘉宾相聚在雄伟的长城脚下、美丽的妫水河畔，共同拉开2019年中国北京世界园艺博览会大幕。

附录3　参考文献

1) 蔡小红. 口译评估[M]，北京：中国对外翻译出版公司，2007.

2) 曹嬿. 新编英汉双向口译教程[M]，上海：上海人民出版社，2011.

3) 冯庆华. 实用翻译教程[M]. 上海：上海外语教育出版社，1997.

4) 何历蓉. 论"直译与意译"在英汉翻译中的对立与统一[J]. 宿州教育学院学报，2018(04), 40–43.

5) 蒋建华. 基于个案的"直译"与"意译"比较研究[J]. 海外英语 2018(07), 136, 164.

6) 雷天放，陈菁. 口译教程：学生用书[M]，上海：上海外语教育出版社，2013

7) 林郁如等. 新编英汉口译教程[M]. 上海：上海外语教育出版社，1999.

8) 刘庆华，张惠玲. 等效翻译中直译与意译的结合[J]. 南昌航空工业学院学报(社会科学版)，2003(4): 63–65.

9) 刘艳虹，顾定倩，程黎等. 我国手语使用状况的调查研究[J]. 语言文字应用，2013(2): 35–41.

10) 罗媛. 直译和意译结合法翻译《背包十年》——游记翻译实践报告[D]. 江西师范大学，2004.

11) 谭载喜. 奈达论翻译[M]. 中国对外翻译出版公司，1984.

12) 肖晓燕，高昕，赵肖. 中国大陆手语传译调查：现状、问题与前景[J]. 中国翻译，2018(6): 66–72.

13) 许渊冲. 译家之言[J]. 出版广角，1996(6): 67–69.

14) 杨柳燕，苏伟. 口译教程：学生用书[M]，上海：上海外语教育出版社，2014.

15) 张帆，张妍. 直译、意译与归化、异化之比较——以林语堂译文《浮生六记》为例[J]. 英语广场，2018(07): 25–26.

16) 张宁生. 手语翻译概论[M]，郑州：郑州大学出版社，2009.

17) Nida, Eugene A. Language, Culture, and Translating[M]. Shanghai: Shanghai Foreign Language Education Press, 1993.

18) Gile, D. Basic Concepts and Models for Interpreter and Translator Training[M]. Philadelphia, PA: John Benjamins Publishing Company. 1995.